SOUVENIRS

D'AMBULANCE

1870-71

PAR

M. Charles de MONTESSON

LE MANS
TYPOGRAPHIE EDMOND MONNOYER
12, PLACE DES JACOBINS, 12

1885

SOUVENIRS

D'AMBULANCE

1870-71

SOUVENIRS

D'AMBULANCE

1870-71

PAR

M. Charles de MONTESSON

LE MANS
TYPOGRAPHIE EDMOND MONNOYER
12, PLACE DES JACOBINS, 12

—

1885

A MES CHÈRES FILLES

MARIE, RENÉE, LAURE ET MARGUERITE

A vous, mes petites amies, je consacre ces SOUVENIRS — rédigés quatorze ans après — des tristes moments que j'ai passés pendant l'occupation prussienne. S'il y est parlé de moi plus que de tout autre — (le MOI est toujours haïssable) — c'est que je n'ai presque rien vu des choses extérieures, pendant les sept mois cruels que j'ai passé dans les lits d'ambulance. Ne considérez donc point ces SOUVENIRS lorsque vous serez en âge de les lire, comme un factum orgueilleux, écrit pour ma gloriole personnelle.

Non; mais vous aussi vous souffrirez, par le corps et par le cœur, car c'est la loi commune, c'est la suite de la désobéissance de nos premiers parents; préparez-vous donc à obéir et à souffrir, c'est le grand combat de la vie, après lequel si l'on a été bon soldat, la RÉCOMPENSE ÉTERNELLE est assurée. Soyez bien convaincues que le plus obscur combattant, est plus heureux que le général en chef, croyez-en ma parole de soldat.

Donc, ne soyez point ambitieuses, contentez-vous d'une existence modeste, ne cherchez point les honneurs, ni les applaudissements du monde, essayez plutôt de faire des heureux autour de vous: c'est une grande tâche, et dans laquelle, avec de la bonne volonté, la besogne est assurée sans chômage. Rendez la vie douce et facile à votre MÈRE CHÉRIE, qui vous comble de tant de soins, de si bonnes tendresses; rendez-lui amour pour amour! Mais surtout et par-dessus tout, priez DIEU qu'IL vous protège, car vous appartenez au sexe faible, priez LE pour vous, pour vos parents, pour la France, ayez confiance en LUI, et faites tous vos efforts pour obtenir de SA miséricorde que nous nous trouvions tous un jour réunis en famille dans le ROYAUME éternel.

Croyez aussi, mes chères petites, que si vous m'avez trouvé sévère pour vos défauts d'enfance, mon affection pour vous n'en était pas amoindrie, et pour finir, je vous embrasse bien fort, comme je vous aime, de tout mon cœur,

CHARLES DE MONTESSON.

Le Mans, avril 1884.

BATAILLE DE COULMIERS

9 *Novembre* 1870 (1)

Dans l'après-midi, un bataillon du 37e régiment de marche, envoyé sur le village de Champs (Loir-et-Cher), fut reçu à bout portant par l'infanterie Bavaroise, et se retraita sur notre gauche, le commandant de ce bataillon était à pied. Sur une ferme convertie en ambulance improvisée, un de nos gardes mobiles (33e régiment), tient haut et ferme un drapeau blanc à croix rouge qu'une grêle de balles Bavaroises assaille. Quand nous réoccupâmes le village de Champs avant la nuit, il était complètement évacué, même par les blessés bavarois. Nous étions là plusieurs fractions de régiments, infanterie et cavalerie, sans nouvelles, et égarés, quoique l'amiral Jauréguiberry fut déjà installé dans une maison avec son état-major.

(1) Voir dans le récit du colonel de la Touanne le rôle du 33e régiment de Mobiles à l'affaire de Coulmiers.

M. de l'Ombre, des mobiles de Loir-et-Cher, officier d'ordonnance de notre général de brigade (Deplanque), était depuis longtemps à la recherche de celui-ci ; sa jument était vannée, mais il fallait bien qu'il continuât jusqu'à ce qu'il retrouvât son chef, — près duquel je m'étais tenu quelque temps dans l'après-midi, le long des murs brûlés de la ferme de Cheminiers. C'était de là que j'avais vu un soldat ou sous-officier du 37e de marche, qui ayant attaché un mouchoir blanc à sa baïonnette, en guise de drapeau, le présentait bien ostensiblement sur notre droite, comme pour faire cesser le feu opposé; je n'ai jamais compris pourquoi, à moins qu'il n'ait apperçu dans la plaine ma 6e compagnie (capitaine Couturier), séparée de moi le matin, depuis le premier coup de canon, et restée en tirailleurs du côté des bois. Revenons à Champs : j'y avais quatre compagnies (dont celle du drapeau) sur sept; la nuit était venue — cinq heures — la pluie tombait drue et fine, tout le monde était harassé et affamé; j'allai trouver l'amiral et son aide de camp — capitaine de Lambilly — qui avaient réussi à se faire faire une soupe au lait et une omelette, dans une maison du village; je leur dis qu'écarté de mon régiment depuis plusieurs heures, je ne savais de quel côté me diriger; l'amiral me demanda si mes hommes avaient encore des munitions, sur ma réponse qu'ils étaient partis le matin avec 90 cartouches par homme, et qu'ils n'avaient presque pas tiré et seulement à la fin de l'action, il m'autorisa à rester en arrière du village, à faire dresser les tentes, mais sans allumer de feux, et m'ordonna d'aller moi-même placer une compagnie en grande garde — ce fut la 3e compagnie, celle du drapeau — en détachant des patrouilles pour nous relier à Cheminiers où doit se trouver le régiment. C'est en exécutant cet ordre à la nuit noire et sous la pluie que ma jument Nana — achetée au Mans, à M. Devré —, blessée dès le matin d'une balle dans la fesse, manque des quatre pieds au galop sur la terre grasse et humide, nous roulons, et je me trouve à-bas sur le côté gauche, complètement entortillé dans mon caoutchouc-macfarlane; j'essaye de me dégager et de me relever, croyant ma jument tout près de moi; mais sur la terre humide, ma jambe droite glisse, et refuse de me porter, alors j'appelle mes Moblots, il en arrive de suite, je leur dis : « Emportez-moi, j'ai la jambe cassée. »

Le sergent-major Avice, sur ma demande, me fit porter dans une maison de Champs, elle était ouverte, abandonnée, on me mit sur la table, on brûla des allumettes, mais impossible de trouver un bout de chandelle; Avice courut à travers le village et découvrit une maison dont les habitants s'étaient hasardés à revenir, voyant la bataille finie. C'étaient une femme veuve avec son fils et ses filles. Avice m'y fit porter, mettre sur un lit, et je fis prévenir Lambilly et l'amiral qui devaient coucher dans une maison voisine; le premier vint me voir, et pensant que je n'avais qu'une entorse, il dit à Avice de couper ma botte avec un canif, et de me bassiner le pied d'eau froide ; la botte n'était pas facile à ouvrir, il fallut d'abord découdre la tige du haut en bas, puis couper l'empeigne au canif le long de la semelle, presque tout autour, jusqu'à ce que le pied put sortir seul ; j'étais bien convaincu d'avoir la jambe cassée, impossible de trouver un médecin, et je pleurais à l'idée de quitter mon bataillon, qui avait reçu dans cette journée le baptême du feu, et qui avait bien pris sa part de la VICTOIRE DE COULMIERS.

Avice croyant toujours à une entorse, s'était sur ma demande pressante, constitué mon infirmier, et m'imbibait consciencieusement le pied d'eau froide, sur le lit où il m'avait couché ; il me fit prendre presque de force un peu de soupe au lait, qu'il avait fait faire par la vieille hôtesse du logis. Il eut fallu un médecin pour moi, et pour bien d'autres blessés ; le capitaine de Lambilly avait envoyé un dragon, ou un chasseur d'Afrique, — il avait quelque peu des deux sous la main, — du côté du 16e corps, pour qu'on vint enlever les blessés ; il y en avait une vingtaine dans une grange qui n'avaient reçu aucuns soins, mais tous les chirurgïens étaient à Epieds, où ils avaient organisé plusieurs ambulances, dont une dans l'église, et les cacolets s'y rendaient constamment ; mais d'Epieds à Champs, il y a une bonne distance, et aucun médecin ne vint dans la nuit. Elle fut bien longue : Avice me renouvelait les compresses d'eau froide, et dormait par terre, avec son seul cache-nez gris pour toute literie ; il est vrai qu'il était gigantesque, presque un plaid.

Pour moi, je pensais à toute autre chose qu'à dormir : le chagrin d'être immobile, et devenu bon à rien, d'abandonner mon bataillon, dont je croyais une partie perdue — depuis 9 ou

10 heures du matin, j'étais sans nouvelles de Couturier et de sa compagnie — ; il fallait que je passe le commandement à l'un de mes capitaines, et le colonel n'était pas là pour le désigner. Serait-ce Fleuriet, de Chenay, ou Chartier, ou un autre ? j'ignorais ce qu'étaient devenus mon ordonnance Louis Chevalier, ma seconde jument (Etoile, achetée à M. de Maisonneuve, au Mans), et mes cantines qui contenaient tous mes papiers militaires. En sus de toutes ces préoccupations, j'étais horriblement gêné par une fumée intense : des soldats isolés et mouillés venaient à tout moment raviver le feu pour sécher leurs capotes et leurs fusils, ou faire cuire des aliments ; la cheminée avait été en partie démolie par les obus, ce qui, avec la pluie, causait une fumée suffocante ; il fallut que la porte restât ouverte toute la nuit.

A la pointe du jour, Lambilly vint me voir, il me dit que l'amiral s'attendait à être attaqué, les dragons partaient en reconnaissance, il ne faisait pas bon pour moi rester là, disait-il; aucun chirurgien n'étant venu, il me fallait aller les trouver à Epieds où était l'ambulance divisionnaire ; il insistait pour que je désigne mon remplaçant, je pleurai encore en abandonnant le commandement de mon bataillon, et je nommai le capitaine Fleuriet de la 3e compagnie, comme étant le plus actif, et se trouvant là à Champs, sous la main. Le fils de la fermière, qui m'avait hébergé, sut retrouver un cheval et un cabriolet pour m'emmener, on me mit un oreiller sous le pied qu'Avice avait bandé soigneusement ; ce pied avait l'air de ne plus tenir à la jambe, il était déjà déjetté en dehors, et je devais soutenir celle-ci en l'air avec mes deux mains ; la mère du jeune fermier se lamentait de voir partir son fils qui devait s'en aller jusques du côté de Blois, elle le suppliait de revenir, et de ne pas la laisser seule au milieu des armées.

M. Montarou, lieutenant à ma 1re compagnie, me demande à monter sur ma jument Nana et à m'accompagner à l'ambulance, il a les deux talons écorchés; accordé ; M. Montarou devint après la guerre greffier du Tribunal Civil du Mans, où il est mort. Un ordonnance improvisé, nommé Breteau, nous suit à pied ; entre Champs et Epieds nous entendons des coups de fusil que je crois à notre adresse et qui viennent de Cheminiers, quoiqu'il fasse grand jour ; on ne voit plus de blessés sur le champ de bataille d'hier, mais de pauvres chevaux écloppés hennissent tristement : l'un est couché, ne peut plus se relever, et tond le blé autour de lui, un autre encore debout, a un membre cassé, sanglant, et tourne sur lui-même en cherchant inutilement à calmer sa faim et sa soif.

A Epieds, grand encombrement, l'ambulance de l'église regorge, les chirurgiens ont travaillé toute la nuit, ils ont l'air de bouchers; voyant un semblant d'appareil sur mon pied, ils m'engagent à aller plus loin à l'ambulance militaire d'Ouzoüer-le-Marché (Loir-et-Cher). Ce n'était pas facile ; le bourg d'Epieds et la route étaient horriblement encombrés, convois de blessés, convois de vivres, convois de munitions ; de plus toute la division de cavalerie du général Reyau, qui a fait la veille au soir une retraite si malencontreuse, se reporte en toute hâte en avant. Je fais avec mon képy galonné des signes télégraphiques pour écarter les files de hussards, chasseurs, dragons et lanciers, qui sans cela culbuteraient peut-être bien mon modeste équipage.

Après bien des arrêts, et des cahots, j'arrive enfin à l'ambulance d'Ouzoüer-le-Marché, établie dans l'école des filles. Je suis éreinté, affamé, assoiffé, et ma jambe est enflée, quoique je l'ai toujours soutenue. Il est au moins midi, un sergent-infirmier est obligé de m'enlever dans ses bras, pour me sortir du cabriolet et me porter sur un lit. Les

Sœurs grises qui dirigent l'école des filles, font le service des trois salles, avec les infirmiers militaires; un médecin-major m'examine, et m'apprend que j'ai la malléole interne — lisez : cheville ou mollette — cassée, étoilée, le péroné est fracturé; ma jambe est mise dans une gouttière en fil de fer ouatée, et je suis prévenu que ce sera long. J'écris à grand'mère pour lui raconter en même temps notre victoire d'hier, et ma défaite d'aujourd'hui. Couché sur ou dans un lit, je suis tout habillé, mon sabre, mon revolver, mon petit sac de voyage, mon caoutchouc, mon képy, mes grosses bottes de campagne, sont ou couchés avec moi, ou à la tête du lit, car il n'y a pas d'espace vide, rien ne sépare les lits, pas même une chaise.

Paul de Chevreuse, sous-lieutenant au bataillon des mobiles de la Flèche, est dans une salle voisine, il me reconnaît à la voix, et de loin nous nous racontons nos misères : il a eu le dessous du pied gauche enlevé par un obus qui est venu se ficher en terre entre ses deux pieds, sans éclater, lorsqu'il était à genoux derrière sa compagnie — à son rang de bataille — laquelle était couchée dans un pli de terrain. C'est, à mon sens un moyen de démoraliser de jeunes troupes, qui n'ont plus aucune solidité lorsqu'on les fait remettre debout ; nous l'avons bien vu par nous-mêmes dans cette journée de Coulmiers. Arrivent après moi à Ouzoüer, MM. Popin et Boulard du bataillon de Saint-Calais, le premier n'est plus jeune, et des rhumatismes atroces l'ont surpris dans la nuit, il ne peut plus remuer ; M. Boulard a une balle dans l'épaule droite, tous deux se sont traînés jusqu'à Epieds, ils ont pu y découvrir un cabriolet pour gagner Ouzoüer, mais obligés souvent de prendre sur la berne de la route, la sous-ventrière a cassé, ce qui les a jettés pêle-mêle dans le fond de la voiture, pour améliorer leur état. M. Paul Boulard porte avec lui sa balle, à Épieds on ne la lui a pas extraite, il s'assied sur une chaise au pied de mon lit, le major sonde la blessure, la balle est arrêtée contre l'omoplate, en la poussant doucement avec la sonde et en fendant la peau du dos avec le bistouri, le major la reçoit dans la main, et la présente au patient, en lui conseillant de la garder ; c'était en effet un précieux souvenir, car quelques centimètres plus bas, le pauvre Boulard eût eu le poumon perforé. A la suite de cette heureuse opération, il put se faire transporter à Blois, où il avait quelques connaissances, puis à Alençon, où la tendresse et les soins maternels furent malheureusement impuissants à préserver son épaule d'une ankylose complète. Je l'ai retrouvé à Barrèges en 1871, où j'ai passé avec lui de bien bons moments, et il a eu la complaisance et l'amabilité d'être mon fidèle compagnon de route, dans mon retour au Mans. Les eaux de Barrèges lui firent sortir de l'épaule un tampon d'étoffe de laine provenant de ses vêtements troués par la balle ; ce tampon, logé de côté, avait échappé à la sonde du Major d'Ouzoüer, c'est ce qui avait empêché la cicatrisation de sa blessure, amené une inflammation dans toute l'épaule et causé une ankylose irréductible.

A l'ambulance de l'école d'Ouzoüer, il y avait quatre officiers Bavarois blessés, trois de chasseurs à pied, et un d'artillerie absolument imberbe ; les trois premiers touchés dans le haut du corps pûrent être évacués sur Ouques le 11, avec leurs ordonnances prisonniers. Un affreux négro, franc-tireur de la compagnie Liénard, était venu les regarder insolemment sous le nez, sans que personne songeât à l'expulser. Je demandai à l'un des Bavarois de me faire voir son casque à chenille noire, en cuir durci ; les officiers ne le portaient pas, mais de larges casquettes à visières et galons, comme nos amiraux ; je demandai si le casque était à l'épreuve de la balle, le commandant blessé à l'épaule me répondit que non ; cet homme superbe, blessé dans la journée du 9, était resté toute la nuit dans la plaine sans abri, aussi tous ses uniformes et manteaux étaient-ils traversés de pluie. Le jeune artilleur a vu le feu pour la première fois, il sort de l'école d'Artillerie Bavaroise ; sa mère est veuve, et il est fils unique, il appartient à une famille française, transplantée là-bas. Ce jeune homme s'était mis à cheval sur son canon mitrailleuse pour opérer plus vite un changement de position, lorsqu'une balle française vient lui casser le tibia ; à l'ambulance, il a fallu débrider la plaie, faire une résection, etc. Le Major me raconte tout cela ; il n'a pas endormi le patient, quoique l'opération fut longue et douloureuse, on ne l'a pas entendu prononcer une plainte ; il parle fort bien le français, et me demande s'il ne me déplaît pas de causer avec lui, ce que je lui accorde volontiers, pensant qu'à l'ambulance il n'y a plus d'ennemis ! Je ne pouvais connaître alors toutes les horreurs commises par les sauvages Germains à Bazeilles, à Châteaudun, dans les villes, dans les villages, dans les ambulances, sur nos prisonniers militaires, et surtout sur des citoyens inoffensifs, et non belligérants, enlevés de partout comme otages, et plus maltraités que les plus vils bestiaux.

Dans une autre salle, sont deux chasseurs à pied Bavarois, simples soldats, blessés dans les jambes, il faut les amputer, mais ils s'y refusent, un ambulancier de la Société de secours, qui parle bien l'allemand, leur a fait entendre que c'est le seul moyen de les sauver, tellement leurs blessures sont graves ; il vient demander à leurs chefs blessés de leur écrire un mot pour les décider ; mais ces deux malheureux répondent qu'ils aiment mieux risquer leurs vies en gardant leurs jambes, car, amputés, ils périraient de faim en Bavière, tellement la pension est mince ; les Officiers ajoutent que c'est malheureusement vrai.

Dans la grande salle, où est P. de Chevreuse, un adjudant de la ligne, qui a une balle dans le talon, hurle dès qu'on y touche ; il est Castillan, ou Navarrais, ou Basque, et quoique chloroformisé, il pousse des exclamations énergiques en patois ; il est vrai qu'on le charcute fort, car c'est la seconde tentative pour extraire cette balle logée dans quelque coin du calcanéum, mais une hémorragie se déclare, il faudra recommencer demain.

Quoique l'ambulance soit militaire (ambulance du 16me corps), la nourriture n'est pas riche, c'est l'ordinaire du soldat, la soupe et le bœuf, et encore les officiers d'administration grondent brutalement les sœurs de ce qu'elles nous font les parts trop grosses ; eux font de longs déjeuners, et leurs infirmiers boivent notre vin ; j'ai vu la nuit, l'un de ceux-ci, gros et gras, non content d'une forte pitance que la sœur lui a donnée pour passer la nuit, et d'une bonne provision d'eau rougie, je l'ai vu boire sans vergogne le vin sucré mouillé, préparé pour les blessés et amputés assoiffés par la fièvre. Le 12 au matin, l'officier d'administration tirera les couvertures de nos lits, toujours avec brutalité, parce que son matériel se porte en avant ; et la sœur sera obligée de retourner quêter des couvertures dans le bourg. Dans la soirée du 10 — il tombait déjà de la neige ce jour-là — le brave curé d'Ouzoüer vient nous voir ; dans le fond de la grande salle de l'école des filles, convertie en ambulance, les bancs et les tables forment un amoncellement savamment disposé pour masquer des placards ; ceux-ci ont servi de cachettes, le curé en sort quelques bouteilles de bon vin, dont il nous offre lui-même à chacun, lit par lit. Quelques semaines plus tard il sera bien heureux de retrouver ses cachettes, s'il a encore quelque chose à sauver des rapaces Prussiens.

Le 11 au matin, P. de Chevreuse me fait dire que son oncle, Mr le duc de la Rochefoucauld-Doudeauville, a organisé une ambulance dans son château de la Gaudinière, qu'une calèche vient d'arriver pour l'y conduire, et que tout blessé y sera bien reçu. Un jeune officier d'artillerie qui a la machoire fracassée, demande à Chevreuse de s'en aller avec lui, sans s'arrêter à la Gaudinière, car la calèche est au loueur Riverain, de Vendôme, et l'artilleur préfère se rendre jusque dans cette ville, d'où il lui sera plus facile de se faire rapatrier. Au moment où Chevreuse porté par les infirmiers, passe devant mon lit, je lui serre affectueusement la main, et le prie de me faire envoyer une voiture de la Gaudinière, si c'est possible, pour m'y transporter au premier jour. Dans la nuit du 10 au 11, je commence à souffrir du talon dans ma gouttière en fil de fer, c'est l'insomnie accompagnée de toutes les tristes réflexions : il tombe déjà de la neige, mes pauvres moblots que deviennent-ils ? quels sont les morts ? quels sont les blessés ? qui me remplace à la tête du bataillon du Mans ? j'ai écrit au colonel de la Touanne, mais la poste est bien désorganisée ! et puis avoir vu la victoire, les Bavarois en déroute, et n'en point profiter ! que sont devenus mon ordonnance, Louis Chevallier, ma seconde jument Etoile, et mes bagages, papiers, armes de rechange, etc. ? Avec cela les plaintes des blessés, des amputés, le va-et-vient des infirmiers, le spectacle de leur indifférence et de leur gloutonnerie ; notez de plus que je suis toujours entièrement habillé, sauf mes deux bottes ; on a tout simplement ouvert jusqu'au dessus du genou, la jambe droite de mon pantalon de cheval en double drap gris bleu avec bande rouge. Tout ces agréments m'empêchèrent de fermer l'œil, pendant les deux nuits que je passai à Ouzoüer.

Le 12 dans la matinée, arrive une calèche de Vendôme, conduite par Pierre de chez Riverain, pour me transporter à la Gaudinière ; Pierre a amené avec lui son fils, un gamin de huit ans, pour lui faire voir les officiers Bavarois prisonniers. Le personnel militaire de l'ambulance nous annonce son départ pour se porter en avant, et les médecins militaires petits et grands, en profitent pour ne faire de pansement à aucun blessé ; l'officier d'administration tire ses couvertures de nos lits.

Un jeune aide-major insolent va chercher le médecin d'Ouzoüer, qui est aussi le maire, pour lui passer la consigne, et nous désigne du doigt en lui indiquant nos blessures, et lui disant que les pansements ont été faits le matin, ce qui est faux. Je demande à ce jeune aide-major de voir la voiture Riverain, et de me dire si je puis me risquer à faire le voyage ; il m'y engage vivement, plutôt que de rester à Ouzoüer, ès-mains du médecin — maire ; je demande à celui-ci un certificat d'ambulance, qu'il libelle d'un air maussade, en prétendant que j'ai l'air trop jeune pour être chef de bataillon — Médecin-civil-maire-incivil — Une bouffée d'orgueil militaire envahissant ma pensée, j'eus envie de lui dire :

> .....Dans les âmes bien nées,
> La valeur n'attend pas le nombre des années.

Bref le cocher Pierre dispose dans sa calèche une espèce de plancher mobile, les sœurs placent là-dessus un petit matelas d'enfant emprunté dans le bourg avec promesse de le faire reconduire au propriétaire le plutôt possible — hélas ! je crains bien que cette promesse n'ait pas été tenue. — Sur ce matelas on installe le Commandant de Montesson avec sa gouttière, son sabre, revolver, gibecière de voyage, caoutchouc-macfarlane, ses bottes en-dessous, plus un pesant chagrin de se voir si infirme; à son côté le rejeton de l'illustre Pierre qui servira d'infirmier; et puis : fouette cocher ! en route pour la Gaudinière ! Il doit être aux alentours de midi, Pierre est impatient de partir, il annonce que la route est longue, et qu'il n'atteindra pas le château avant la nuit.

En effet la route fut longue et cruelle : au malaise résultant de la position horizontale continue, et des cahots de la route défoncée, vint se joindre une douleur lancinante et, par moments, atroce, à la pointe du calcanéum (os du talon, pour les fruits secs de Saint-Cyr) ; douleur que je n'avais, pour ainsi dire, que soupçonnée à Ouzoüer, douleur tellement horrible que je ne puis me retenir de crier, qu'il faut que mon petit infirmier appelle son père et lui dise d'arrêter; cette infâme gouttière qui m'entre dans le talon me laisse un peu de répit lorsque la voiture est immobile; ces arrêts sont fréquents et pourtant je ne les demande que pour les trop fortes révoltes de mon talon. Souvent aussi les postes militaires échelonnés sur les routes, nous arrêtent et réclament le laisser-passer. Les mobiles de Maine-et-Loire en particulier veulent plusieurs fois mettre le nez dans la calèche, et voir l'officier blessé ; ce n'est pas une vaine curiosité, mais on leur a dit que le marquis de

Lentilhac était blessé, c'est un peu leur compatriote, car il a habité longtemps le château de La Ferté, près Segré, et il commande le bataillon de La Flèche, où se trouvent bien des Angevins de race; je les rassure sur son compte, ils me demandent quelques détails sur l'affaire de Coulmiers, puis nous repartons. Après l'un de mes arrêts pour cause de souffrance, le cocher Pierre repart avant que la portière de sa calèche ne soit bien fermée, son enfant surpris par la secousse est poussé contre cette portière qui se rouvre, et voilà le pauvre enfant, la tête en bas sur le marche-pied, les jambes dans la voiture, exposé à tomber sous la roue, et moi immobilisé sur ma planche, allongeant le bras droit pour saisir l'enfant par un pied! Enfin, à mes cris, le père s'arrête, descend de son siège, réintègre l'enfant dans la voiture, et nous repartons encore. Pour rendre le tableau plus triste, une pluie grise et froide nous accompagne; comme escorte ma jument Nana portant l'ordonnance Breteau.

En cette saison les jours sont bien courts, aussi la nuit est venue lorsque nous traversons Fréteval (Loir-et-Cher.) Entrés dans la forêt de la Gaudinière, il me semble que nous n'en sortirons plus, je suis à bout de forces physiques et morales, lorsque tout à coup une vive lumière est projetée autour de nous, la calèche s'arrête devant un gigantesque perron ; un homme de haute stature, de figure noble et imposante, entouré de domestiques en habit noir, ou en livrée tricolore, s'avance jusqu'auprès de la voiture pour me souhaiter la bienvenue ; c'est le maître de céans : Stanislas, vicomte de la Rochefoucauld, duc de Doudeauville. Avec l'habitude qu'il a de commander, il dispose son monde pour me sortir de ma cage de martyr, ce qui n'est pas commode, mais ils sont une légion, et les bras, les têtes, les épaules, m'enlèvent, me hissent, me tiennent en l'air comme un triomphateur au cirque Bouthors. Le duc a lui aussi fait préparer une planche et un matelas, le tout sur une grande table, dans l'immense antichambre ; il n'y a qu'à me déposer sur ce lit de parade, la planche a des entailles aux quatre angles, pour les mains des hommes, et avec un porteur à chaque bout, je puis aller où l'on voudra. Autour de moi s'agitent bien des gens que je ne fais qu'entrevoir : un homme de petite taille, a l'air calme et intelligent, que je connaîtrai plus tard pour un excellent chirurgien, — c'est le docteur Satis, de Vendôme — ; une jeune femme petite, vive, et gracieuse, que je pense à première vue, devoir être la fille du Duc — c'est Madame la Duchesse de Doudeauville, dame et châtelaine de la Gaudinière, née Marie-Adolphine-Sophie de Colbert-Chabannais. Tout ce monde est indécis sur ce que l'on va faire de moi : le Duc avait l'intention de me confier à son ascenseur ou monte-charge, pour me hisser au premier étage, où une chambre m'a été préparée, mais Paul de Chevreuse qui me sait arrivé, réclame contre cette séparation

et prie son oncle de faire mettre un lit à côté du sien dans le petit salon vert, où il est installé ; c'est donc là que l'on se décide à me déposer, en me passant par la bibliothèque ; à peine ma planche, mon matelas, et moi pardessus, sommes-nous à notre place, que tous les assistants m'offrent leurs services : Chevreuse me souhaite la bienvenue, le docteur Satis examine ma jambe, le Duc m'engage à souper : je pris, je crois un peu de potage, et un œuf à la coque, puis je m'endormis pour jusqu'au lendemain, où je ne me réveillai qu'à dix heures. Mon voisin d'ambulance, sauf sa blessure, se porte bien, a conservé sommeil, appétit et gaieté, il n'a que 19 ans ! certain soir je le fis bien rire, j'étais endormi, et problablement je subissais l'influence d'un cauchemar, lorsque la magnifique pendule de notre petit salon se mit à sonner plusieurs coups avec vigueur : « Qui est-là ? m'écriai-je. Enten-
« dez-vous ? On enfonce dans le mur des
« capsules à coups de marteau ! » Che-

vreuse était bien éveillé, lui, il se tordait les côtes de rire, d'autant plus que j'étais inconscient, et qu'il lui fallut me répéter l'énormité que j'avais lâchée.

Le lendemain de mon arrivée, lorsque j'ouvris les yeux, je me trouvai bien heureux de mon changement d'ambulance ; je vis de suite comme je serais bien soigné ; par exemple, dans ma position de Mobile immobilisé, je ne puis rien voir du château, que la pièce où j'habite, mais c'est déjà assez réussi : ce petit salon est tout en long, une seule fenêtre l'éclaire, en face laquelle est la cheminée, style Renaissance, toute en chêne sculpté, sans tablette; le parquet est incrusté de fleurs de lys en bois noir, le plafond très élevé avec caissons et pendentifs, le tout en chêne sculpté; les murs sont tendus de damas vert foncé (laine ou soie ?) sur toute la hauteur de l'étage ; dans cette étoffe ont été tissés de nombreux chiffres (M et S enlacés), et des emblèmes héraldiques (la fée Mélusine sortant de son baquet) ; les tapis de laine de tous les appartements sont aussi tissés exprès avec les mêmes chiffres et emblèmes.

Après avoir donné ce coup d'œil d'inventaire, je vais faire connaissance avec le docteur Satis qui vient visiter ma jambe à fond. Dès ce moment, je suis débarrassé à perpétuité de l'horrible gouttière en fil de fer qui m'a tant fait souffrir du talon. Avec des oreillers, de la ouate, des attelles en bois, des bandes de toile, et de l'adresse, le docteur compose un appareil léger, résistant, mon pied est parfaitement maintenu, je ne souffre nullement, le docteur sait enlever vivement le pied d'une main, la jambe de l'autre, sans m'infliger la moindre souffrance intérieure; ma jambe est bien enflée, des flictens (?) ou clochettes s'y sont formés, le docteur les coupe avec ses ciseaux. Chevreuse, mon voisin paraît bien plus malade que moi : le dessous de son pied est tout noir, et répand une odeur fétide; malgré cela, il est affligé d'un appétit extraordinaire, une vraie fringale! le maître d'hôtel ducal lui apporte le menu avant chaque repas des maîtres, invariablement le jeune sous-lieutenant dit qu'il prendra de tout. Du reste jugez de ce Gargantua : au bivouac de Viévy-le-Rayé, près de la forêt de Marchenoir (Loir-et-Cher), où nous restâmes plusieurs jours, les capitaines achetaient souvent un mouton entier dans les fermes, car les distributions de viande (vivante et sur pied) étaient souvent tardives ; un soir la compagnie où Chevreuse était sous-lieutenant (bataillon de la Flèche) reçoit l'ordre subit de se détacher en grand'garde dans la forêt, sous la direction du capitaine; la soupe n'était point faite, la grand'garde enverra successivement les escouades la manger. Le sous-lieutenant de 19 ans attend paisiblement l'heure de se mettre à table, les officiers ne peuvent quitter leur poste, alors il mange à lui tout seul l'épaule de mouton grillée dont ses collègues lui ont laissé la surveillance culinaire. A la Gaudinière, il trouva la cuisine bonne, bien que le chef ait déposé sa toque blanche pour promener son képy dans les rangs de la Défense Nationale. Le tablier blanc et le fourneau sont passés ès-mains de Madame ***, dont le mari est suisse ou concierge, de la grande grille à l'entrée de la cour d'honneur ; celui-ci est un personnage fort important, au physique s'entend, car, me dit-on, il est superbe en livrée, avec le bicorne, la hallebarde, culotte courte, mollets énormes, etc. ; le tout aux couleurs des La Rochefoucauld, c'est-à-dire tricolore ; leurs armes sont : burelé d'argent et d'azur, à trois chevrons de gueules, le premier écimé, brochant sur le tout. — Devise : C'EST MON PLAISIR.

Ce concierge a donc ses entrées au château, puisque sa femme y est cuisinière et il n'en est pas peu fier ; il aide au service d'intérieur, et vient même quelquefois à l'ambulance, où il a la prétention de nous faire le pansement aussi bien qu'un autre (tous les domestiques disent invariablement qu'ils vont faire le PANSAGE des blessés). Le maître d'hôtel est une espèce d'Italien ou Piémontais, ou quelque chose d'approchant, dont la seule vertu consiste à réussir les entremets sucrés : crèmes, glaces, meringues, compotes, marmelades, pièces montées, etc.; bref, un garçon pâtissier ; les autres qualités de l'individu lui donneraient un bon rang parmi les Fédérés ou Communards Parisiens.

Le premier valet de chambre, M. Bellanger, est un homme de confiance, ancien serviteur, dévoué, respectueux, et qui jadis était tous les jours en culotte courte et bas blancs, bien qu'il n'ait des mollets que la place. Sa femme, Suzanne, est la première femme de chambre; c'est un ménage considérable et considéré; il reste encore comme gens d'intérieur deux valets de chambre : Pierre et Henri, et quatre valets de pied ; l'un de ceux-ci s'est autrefois cassé la jambe en faisant je ne sais quelle excentricité ; après l'avoir soigné à la maison, on l'y a conservé, parce qu'il est très boiteux; on l'occupe et on le paie donc par charité. A la tête du personnel d'intérieur est un intendant dont *la Dame* est femme de charge ; le mari fait les marchés avec les fournisseurs, paie les domestiques, tient des comptes très exacts de recettes et dépenses; sa femme dirige la lingerie, dont elle a les clefs, distribue les provisions, etc. Il y a aussi une deuxième femme de chambre, qui n'assiste pas à la toilette de sa maîtresse, mais qui fait ses commissions, tient à jour les livres de charité, travaille à la lingerie, etc. Pour le petit garçon, Mathieu, fils cadet de la Duchesse, sont un précepteur anglais, charmant jeune homme, et une bonne, de Suisse ou d'ailleurs, parlant allemand. Telle est à peu près la composition du personnel d'intérieur.

Aux écuries sont deux premiers cochers: l'un français, ancien piqueur, très dévoué, conduisant à ravir lorsqu'il n'a pas bu, ce qui lui arrive si souvent qu'on ne laisse jamais qu'une petite somme à sa disposition, c'est un vieux serviteur qui mourra à la maison. L'autre premier cocher (Léon), celui de Madame, est un Belge de grande et forte charpente, qui à ses talents d'automédon, joint celui de tondeur de cheveux; j'ai profité plus d'une fois de son coup de ciseaux ; au-dessous de lui sont plusieurs palefreniers; pour le service des poneys il y a de jeunes postillons, chargés d'accompagner le Duc et la Duchesse, qui conduisent toujours eux-mêmes les poneys.

La surveillance de la forêt et des fermes qui l'entourent est dévolue à huit gardes, dont un brigadier, tous assermentés; celui-ci vient tous les matins, faire le rapport général au Duc ou à la Duchesse ; tous ces gardes sont logés dans les différents quartiers de la propriété, vêtus d'une livrée uniforme, et armés de bonnes carabines. Le piqueur et la meute habitent à la Blotterie qui est un rendez-vous de chasse dans la forêt, de l'autre côté du parc aux daims, et au-dessus de la vallée de Busloup. Il y a de ce côté une promenade très joliment tracée à travers la forêt, et qu'on appelle le bois de Boulogne ; rien n'y manque : lacs, cascades, chalets, etc. C'est dans cette Blotterie, située sur ce charmant coteau, que la Duchesse avait d'abord organisé une ambulance d'une vingtaine de lits, mais la *Société de Secours aux Blessés,* bien que prévenue, ni envoya ni personnel, ni matériel, ni blessés ; c'est pour cela que Chevreuse et moi furent reçus dans le château; plus tard, en décembre, d'autres officiers et une trentaine de soldats, furent installés au-dessus des communs, où il y a de très jolies chambres pour les jeunes hommes, au moment des chasses lorsque le château est plein. Et l'ambulance de la Blotterie ne fut habitée que par des détachements Prussiens; ils y découvrirent une cachette de très vieux vins, vrai nectar de malades, et toutes les poudreuses bouteilles furent emballées avec soin dans un fourgon, pour le service de l'Etat-Major teuton.

Le Duc et la Duchesse de Doudeauville dirigent et gouvernent admirablement leur personnel fort réduit par la guerre; ils n'ont point de régisseur, qu'un petit notaire de campagne, qui vient vendre les coupes de bois, et faire les règlements d'ouvriers ou de fermiers. La Duchesse dirige en sus de tout cela des charités très importantes : la propriété de la Gaudinière s'étend sur cinq (?) communes, les pauvres de chacune sont inscrits sur les registres du château, avec leur position, leurs besoins, leur moralité, etc. ; les gardes, les maires, et les curés, donnent des renseignements sur chaque famille indigente; on dresse alors une liste nominative avec l'espèce et la quantité des bons nécessaires à chacun. Les pauvres sont admis à venir chercher leurs bons, le jour où cela leur convient; c'est toujours le matin que la deuxième femme de chambre fait cette distribution; le jeudi, il y a grande affluence, la Duchesse y assiste avec son fils Mathieu, parce que ce jour les enfants pauvres viennent pour recevoir divers petits objets : aux fillettes des bonnets de laine, aux garçonnets des toques de laine, le tout fait au crochet par la Duchesse et ses femmes de chambre; à elle seule elle en fit plus de soixante-dix pour sa part pendant les cinq mois que j'ai passés dans cette ambulance. Certains jeudis il y avait jusqu'à cent cinquante personnes à la distribution. Beaucoup de ces gens viennent de loin, il y a des vieillards, des enfants, la neige couvre la terre ; alors on a installé un fourneau dans une dépendance des communs ; dans de grands plats l'on coupe du pain d'avance; puis à mesure que les habitués arrivent l'on met dans chaque plat de la bonne graisse, et de l'Extrait de viande de Liebig, du sel, de l'eau bouillante, l'on couvre, laisse mijoter un moment sur le fourneau, puis chaque pauvre est servi d'une assiette d'excellente soupe bien chaude. Croyez que malgré tous ces soins ils expriment leur mécontentement d'une façon ostensible et brutale ; chacun d'eux voudrait problablement emporter un gigot de mouton et une bouteille de Champagne !

Que dire du château? J'en entreverrai plus tard les splendeurs; lorsqu'en Février l'on me portera dehors au soleil, ou que je ferai quelques promenades en voiture. Si c'était une entreprise folle, il faut dire qu'elle est joliment réussie ; c'est une merveille de style, de splendeur et de confortable; M. Landron, architecte à Saint-Calais l'a conçue et exécutée; il avait dit au Duc : « Mais Monsieur, le « château que vous voulez bâtir au cen- « tre de vos futaies, sera écrasé par elles. « — Eh! bien, bâtissez-moi un château qui domine la forêt! » Ainsi fut créée la Gaudinière où sont engloutis 4 millions, et dont le belvédère donne vue sur le pays à cinq lieues à la ronde. Dans un article intitulé : *La Réjouissière*, le journal *La Vie Parisienne*, a raconté avant 1870, quelles fêtes furent données lors des grandes réunions de chasse, ou des séries d'invitations pour la plantation de la crémaillère; cet article était fort méchant et très exagéré dans tout ce qu'il voulait insinuer sur les hôtes de la Réjouissière; il n'était pas signé. Pour bien connaître le château, il faut l'aller voir, ou feuilleter la collection de photographies du dehors et du dedans, dont les clichés sont de la façon d'un artiste Vendômois; il y en a deux gros albums fort intéressants. Deux autres albums, aussi de grand format contiennent de fort jolis dessins au pastel ou crayon de couleur; la Duchesse y a très exactement portraituré toutes les femmes qu'elle a reçues chez elle : beaucoup du faubourg Saint-Germain, et beaucoup de jeunes élégantes; ces portraits sont nombreux, et la Duchesse en les montrant, a toujours quelque remarque spirituelle à faire sur chacune de ces femmes de la plus haute société. Ces albums me sont facilement apportés car ils sont déposés sur les tables de la bibliothèque, qui est ma voisine de gauche; depuis le commencement de nos malheurs, cette pièce sert de salon et de salle à manger; les beaux appartements de réception des grands jours sont fermés. Cette bibliothèque est, comme tout le reste, une magnifique pièce, le plafond est tout en chêne ouvragé, aussi les punaises des bois s'y logent à l'automne, et nous retombent souvent sur la tête ou les mains, le soir près de la lampe; les chenêts en forme de landiers, sont de forts jolies statuettes de bronze, les immenses et artistiques vitrines sont bondées de livres, mais ils ne sont guère classés.

Le Duc se lève régulièrement à sept heures tous les matins, reçoit ses gardes, inspecte ses écuries, et s'il fait beau, sort dans son poney-chaise attelé de trois petits chevaux, un jeune postillon grimpe sur le siège de derière. Par son propre poids, le Duc casse souvent un ressort de sa voiture; un cahot la fait gémir, et elle ne peut résister à une secousse aussi pesante. Il fume toute la journée d'interminables cigares. A l'heure du déjeuner, chacun arrive dans la bibliothèque, où les maîtres d'hôtel, et valets de chambre apportent la table toute servie. La Duchesse se fait souvent attendre; le soir pour le dîner on va l'avertir jusqu'à deux ou trois fois à la porte de sa chambre. Le matin elle va souvent à la messe à la Ville-aux-Clercs, dans un équipage semblable à celui du Duc, mais on ne lui met que deux poneys qu'elle conduit fort crânement, ou bien elle entreprend de longues conférences avec ses femmes de chambre, avec l'intendant et la femme de charge. Il faut des denrées et des provisions de toutes sortes pour une maison aussi nombreuse, qui se trouve augmentée d'une ambulance de trente malades ou blessés. Si le Duc est absent, les domestiques, cochers, brigadier-garde, etc., viennent aussi le matin faire leur rapport à la Duchesse; ne pouvant les recevoir au moment, en toilette du matin, elle leur parle souvent à travers la porte de son boudoir. Alors, de mon salon-ambulance j'entends tous ces rapports suivis d'explications; ce n'est pas mince affaire, surtout en temps de guerre ; il faut une maîtresse de maison douée d'une tête joliment organisée, et d'une grande bonne volonté, pour diriger une machine aussi compliquée; avec cela les domestiques du château qui ont l'habitude et les goûts de Paris, sont insolents et ivrognes, et voient avec plaisir que la Révolution marche. Le Duc s'absente assez souvent : il est maire de la Ville-aux-Clercs, il y couche quelquefois, lorsqu'il y a des passages de troupes ; entre temps il va à Vendôme, où le sous-préfet républicain, prévenu par ses mouchards, voulut un jour le faire arrêter, il fallut toute l'énergie du Duc, et l'autorité morale d'un La Rochefoucauld, pour le tirer des griffes de ce pékin, valet de Gambetta. Le Duc consentit cependant à être une espèce de prisonnier sur parole, par le moyen d'un sergent d'infanterie, qui monté dans sa voiture, était chargé de s'assurer que le Duc ne se rendait pas à des conciliabules secrets, attentatoires à la sécurité du gouvernement de la R... (ruine) P... (ublique). Le Duc était en outre accusé d'entretenir des relations avec les avant-postes prussiens, voici comme : nous avons dit que la Gaudinière écrasait la forêt, qu'elle la dominait, et que du belvédère qui surmonte ce palais, on découvre un vaste horizon de 5 lieues à la ronde. Or, les domestiques logés aux derniers étages passaient et repassaient le soir et le matin dans les corridors, dans les grands et petits escaliers, avec des lumières bien entendu, puisque nous sommes en novembre. Les mouchards en conclurent que ces feux intermittents étaient des signaux pour l'ennemi ! Quelle chance pour un Sous-Préfet républicain radical, et peu empressé de manger du Prussien ! Une nichée de traîtres ! Un complot ! l'on n'ose pas encore dire : « Fusillez-moi tous ces gens-là ! » ou : « Flambez Finances. » Non, mais si l'on manque d'audace, les mouchards savent agir en dessous ; ainsi l'on avait commencé par ameuter les ouvriers de la Verrerie de Fréteval, qui le maire à leur tête, voulaient aller faire une perquisition à la Gaudinière, dont le châtelain est propriétaire de cette usine ; c'était pendant notre première occupation de la vallée du Loir en octobre ; l'un de mes capitaines et amis, Arthur de Chenay, commandant ma première compagnie, alors détaché à Fréteval, pendant que j'étais cantonné à Selommes (Loir-et-Cher), fut obligé de menacer le Maire de son révolver, pour l'empêcher de débaucher ses Moblots, et de les entraîner au château. Ce brave capitaine appartenait à une honorable famille d'Alençon qui avait une propriété (La Massonnière), à Saint-Christophe-en-Champagne, près de Vallon; ma grand'mère connaissait beaucoup cette famille; Arthur n'était pas riche et n'avait pas eu une jeunesse heureuse; il avait dû s'engager et avait fait plusieurs congés comme sous-officier de chasseurs d'Afrique. C'était l'un de mes meilleurs officiers, homme solide et modeste, et qui n'avait pas froid aux yeux;

il est mort subitement à Saint-Christophe il y a huit ou dix ans.

Le sous-préfet de Vendôme mit la main, un peu plus tard, sur des gens moins honnêtes que mon ami de Chenay ; le citoyen Houdayer, de Bonnétable, avait organisé au Mans une compagnie de francs-tireurs, dont il était capitaine, son lieutenant était Demorieux, banquier au Mans. Ces deux braves militaires, munis chacun d'un laissez-passer ou sauf-conduit du sous-préfet, se déguisent en ouvriers, viennent à la Ville-aux-Clercs, s'abouchent avec les mouchards du village, et la nuit venue, vont rôder autour du château pour surprendre le secret des signaux adressés à l'ennemi. Ils rencontrent une patrouille de gardes nationaux de la Ville-aux-Clercs, commandée par le capitaine, vicomte de la Panouse, qui habite aussi dans la commune; au premier qui-vive ! les deux faux ouvriers se sauvent, on les ratrappe, ils insultent la patrouille et son chef, alors on les arrête, et les conduit au corps de garde du bourg; ils se décident alors à parler et à exhiber les ordres de M. le Sous-Préfet. Là-dessus, La Panouse les laisse aller, mais en les engageant à ne pas s'y refrotter, puis il prévient ses amis de la Gaudinière, de l'accusation portée contre eux, et de la surveillance dont ils sont l'objet; à partir de ce moment tous les domestiques couchèrent dans les sous-sols ou au rez-de-chaussée. Les Doudeauville ne surent pas par qui ils avaient été espionnés, et plus tard en décembre, la même compagnie de francs-tireurs bivouaquant dans la forêt, la Duchesse seule au château, elle invita Houdayer et Demorieux à dîner avec elle; ils vinrent me voir, et me conter une partie de leurs exploits. Le soir même, ou le lendemain matin, La Panouse vient trouver la Duchesse pour lui communiquer quelques nouvelles importantes; elle lui parle de ces francs-tireurs : « — Mais, Madame, ce sont « des mouchards! ce sont les deux faux ouvriers de la forêt! — » Stupeur de la Duchesse; il n'y avait pas de sa faute, et sans s'en douter, elle avait donné une bonne leçon à mes compatriotes, qui purent se convaincre que les Prussiens n'avaient pas d'amis à la Gaudinière. Il est juste d'ajouter que Demorieux se fit tuer bravement à Courcebœuf (Sarthe) en janvier 1871.

A la Gaudinière, ne se trouve point de jardin potager; pour une pareille maison il en faudrait un monstre, avec deux ou trois jardiniers. Lorsque le château est habité, l'intendant fait des marchés à Vendôme, ou à Paris, pour les légumes, fruits, volailles, et autres comestibles. Cependant la Duchesse a de jolies fleurs dans une serre, qu'un homme du bourg vient une fois ou deux par semaine visiter et soigner. Il n'y a pas non plus de basse-cour; dans une ferme dont un des gardes a la direction, sont les provisions de fourrages, d'avoine, de gros légumes, choux, pommes de terre, carottes, quelques volailles, etc. Ce garde amène chaque semaine aux écuries du château les fourrages nécessaires, à tant par tête de cheval, comme au régiment. Aux quatorze petits poneys Corses, Italiens, ou Landais, l'on ne donne pas d'avoine, mais des pointes d'ajonc pilées; c'est une très bonne nourriture, qui leur donne beaucoup de vigueur. Ces poneys ont une écurie spéciale, avec des enclos pour leurs poulains, qui sont moins gros que bien des chiens.

Les grandes écuries et les remises forment une magnifique enceinte carrée autour de la *cour d'honneur,* le château tient le haut de la cour; en face de lui, en bas, et du côté des futaies, une splendide grille d'entrée, est flanquée de pavillons de concierge; le Duc circule en voiture dans les remises et dans les écuries; jamais on n'attelle une voiture dehors, tellement les porches sont vastes; au-dessus il y a bien du logement, et c'est-là que fut installée la véritable ambulance de la Gaudinière. Un souterrain met en communication les sous-sols du château avec les écuries ; au-dessus de ce passage est une jolie petite chapelle, où la duchesse se fait dire la messe quand c'est possible.

De cette cour d'honneur l'on accède au château par un monumental perron dont je n'ai pu compter les marches, de quinze à vingt je suppose ; je ne les ai jamais descendues ou montées, que porté par deux ou trois hommes. L'antichambre est une superbe pièce où des hommes sont de garde jour et nuit; le Duc y tient absolument. Le jour ils lisent, jouent aux cartes, ou fument à la porte du perron; la nuit un homme couche à l'antichambre, d'autres ont leurs lits dans le sous-sol. Pour conserver ceux de ses hommes qui sont de la garde nationale, le Duc a organisé un poste militaire qui relève de la compagnie de la Ville-aux-Clercs; quelquefois les hommes de ce poste vont rejoindre celle-ci, lorsqu'elle va faire des reconnaissances au loin pendant plusieurs jours. C'est ce qui arrive à Henri, mon infirmier dont les absences me font regretter les soins intelligents ; les huit gardes, qui alimentent aussi le poste, sont armés de très bonnes carabines, et sont des gens solides.

L'ordonnance Breteau, et ma jument Nana, ont repris le chemin du Mans, dès les premiers jours après un court repos au château, et ce n'a pas été sans obstacle, car dans plusieurs bourgs on a voulu les arrêter, croyant l'homme déserteur, il n'avait pas de laissez-passer. Du Mans, Breteau revint à pied à la Gaudinière me rendre compte de son voyage, je lui fis délivrer un laissez-passer, et il rejoignit le régiment dans la Beauce. Nana remise entre les mains de mon frère Robert, fut soignée par mon domestique Jean, lequel allait souvent à Montauban ; là résidait le général Stéphani ; son officier d'ordonnance, M. Clément, de Caen (Calvados), vit cette jument, elle lui plût, et la demanda à mon frère, qui la lui vendit. Déjà quand je revins de la Ferté-Bernard au Mans, pour conduire mon bataillon à Vierzon (Cher), j'avais chargé Robert de vendre mon cheval Figaro, qui était beau et bon, mais trop lourd comme cheval de selle. Plusieurs semaines après mon installation au château, ma jument Étoile me fut ramenée par le fidèle ordonnance Louis Chevallier, qui en me voyant se mit pleurer à chaudes larmes. Paul de Chevreuse emmené par sa mère en décembre jusqu'à Sablé, me laissa tout seul dans le petit salon vert. De ce moment Chevallier devint mon infirmier et mon gardien de jour et de nuit, il fit tout mon service, frotta le parquet, promena la jument et aida les valets de chambre. Pour passer mes journées, j'ai le matin un brin de toilette à faire, le pansement de ma jambe, un semblant de déjeûner (car je n'ai jamais faim), puis je reçois la visite du Duc et de la Duchesse, qui mangent à côté dans la bibliothèque; après quoi le châtelain fume son cigare, me raconte les nouvelles et bâtit des plans de campagne, la châtelaine fait des tricots pour les pauvres, des brassières, des bonnets, et pousse la bienveillance jusqu'à me faire la lecture. Dans la journée j'écris des lettres, j'essaie de dormir un peu ou de parcourir des romans, quelques rares journaux. Le soir le dîner est entre sept et huit heures, pour moi c'est vite fait, car je ne mange que le moins possible; mes hôtes viennent dans la soirée, l'un fume et s'endort, l'autre travaille, cause, et tous deux se retirent à dix heures dans leur appartement voisin de mon ambulance.

J'ai déjà dit un mot du docteur Satis, lors de mon entrée à la Gaudinière, le 12 novembre; il vient d'abord tous les deux jours de Vendôme dans son coupé, attelé d'un vigoureux cheval; la trotte est bonne : cinq lieues; mais il s'arrête un peu en route, à une ferme-modèle qui est sa propriété, et qu'il dirige lui-même; il est riche, sa famille est très honorable et très considérée, son père était déjà médecin à Vendôme avant lui. Les visites de

M. Satis, sont de bien bons moments pour nous, il est excellent chirurgien, attentif, adroit, intelligent, homme de décision; avec lui ma jambe est toujours propre, bien maintenue, et placée de façon à ne pas souffrir, le talon est dégagé et ne porte sur rien; un si bon médecin ne m'eut pas laissé traîner cinq mois dans son ambulance, pour faire encore deux mois de lit au Mans; ses soins sont paternels, aimables et consciencieux, lui seul m'a fait des pansements merveilleux, sans jamais me faire souffrir. Un jour pourtant, qu'il avait découvert une fusée purulente le long de mon tibia, il l'arrêta d'un bon coup de bistouri à mi-jambe, à l'endroit de la collection, pour éviter le décollement; ce fut vite fait, j'ai crié de toute ma force, car cet outil dans les chairs est bien cruel; mais ma jambe était bien mieux après. Le docteur Satis savait me consoler, m'intéresser, me donner des petits conseils d'hygiène et de nourriture; il me faut un rond de caoutchouc dans le lit pour éviter l'esquarre au coccyx, qui m'a bien fait souffrir lorsque j'ai eu le typhus à l'hôpital militaire de Tarbes, en octobre 1868 ; le Duc me prête son instrument, lequel bien gonflé, et soigneusement enveloppé dans une serviette bien tirée, devint mon inséparable pendant cinq mois. Les huit premiers jours que je passai au lit, me furent bien pénibles par suite d'une constipation opiniâtre qui ne céda qu'à la rhubarbe réitérée du docteur. Il me conseilla bien aussi de varier ma nourriture, mais ce n'était pas facile; il me donnait de l'eau arsénicale de la Bourboule, mais à petite dose, pour ne pas m'affaiblir; c'était en même temps un dépuratif pour diminuer les fongosités de ma cheville, car des chairs nouvelles poussaient tumultueusement autour des malléoles; malgré l'iode, l'acide phénique ou carbolique, et le nitrate d'argent, la suppuration et les bourgeonnements charnus ne diminuaient pas; le docteur en cherchait bien loin la raison que je croyais.

moi, toute morale : le chagrin, l'ennui, la souffrance, le spleen, m'avaient si bien détraqué ; je ne mangeais pas, et ne dormais que le jour, comment ma jambe où les os étaient broyés, aurait-elle pu guérir? Le docteur Satis avait essayé de me faire prendre du fer, mais cette composition pharmaceutique me détraquait encore l'estomac; je pris pourtant sans inconvénient des pilules au lactate de fer. Mes hôtes et le docteur voulurent me mettre à la viande crue, mais j'étais bien réfractaire; le Duc la préparait lui-même : dans une soucoupe un peu de viande tendre bien pilée au mortier, des confitures et de la farine; le tout artistement travaillé ensemble, forme de petites pilules noirâtres qui m'inspirent un insurmontable dégoût. Dans le jour, lorsque tout mon monde est dehors, je les prends une à une, non pour les avaler, mais pour les lancer dans la cheminée qui est devant moi, au bout de mon *buen retiro*. Peu à peu les visites du bon docteur s'espacèrent, dans les premiers jours de décembre elles devinrent rares, jusqu'à cesser tout à fait, ce qui fut un grand malheur pour moi; les ambulances de Vendôme regorgent, celle du Lycée contenait plus de 200 blessés, et à l'hôpital, et chez la Comtesse de Sarrazin, etc...; les routes sont obstruées par la neige, les troupes et les convois, et bientôt les uhlans battront le pays. Toutes ces causes retiennent le docteur, ma jambe n'est plus aussi bien soignée, le talon porte souvent, et dès que le calcanéum a fait son trou dans un oreiller, qu'il touche le matelas, ou qu'une bande le comprime, ce sont des souffrances d'abord sourdes, puis aiguës, qui m'arrachent des cris, et qui sont tellement continues qu'une esquarre s'y déclara, que le tendon d'Achille se raccourcit de cinq centimètres, et que la peau qui s'y reforma plus tard, resta adhérente à l'os. Quand ces douleurs au talon me prenaient la nuit, j'étais bien sûr de ne pas fermer l'œil, ces insomnies étaient bien cruelles;

mon infirmier Henri, plus tard Chevallier, couche à terre sur un matelas, dans la bibliothèque; il est bientôt réveillé et arrive à mes plaintes; elles sont quelquefois assez vives pour réveiller les châtelains dont l'appartement est voisin; alors le Duc se lève pour voir par lui-même ce que j'ai, et si l'on me soigne convenablement; un des valets de chambre qui couche à l'antichambre sur un lit de fortune, n'est pas loin à aller chercher.

Après l'armistice, je revis le docteur Satis pour la dernière fois; lui et le doc-Delagrave (?), autrefois attaché à l'hôpital Lariboisière (?), de Paris, vinrent de Vendôme, sur la demande de la Duchesse, me mettre autour de la jambe un appareil de bandes de tarlatane imbibées de plâtre liquide, pour faire le voyage de rentrée au Mans. Cela me fit beaucoup souffrir: mon pauvre talon qui a toujours porté dans la machinette du docteur Roux (voyez plus loin) est affligé d'une esquarre profonde; pour ne pas la renfermer, Delagrave l'enlève avec les doigts, ce qui fait couler beaucoup de sang, et m'arrache des cris perçants; puis ma jambe fut enveloppée de ouate, par là-dessus furent posées les bandes plâtrées; pour redresser mon pied qui se déjettait en dehors, les docteurs intercalèrent dans les bandes une attelle en bois sur le côté droit, et serrèrent fortement le tout ensemble. Pendant ce temps je n'étais pas à la fête, car ma jambe était en grande partie décomposée, et Delagrave la tenait en l'air par le gros orteil seul; c'était, disait-il, pour s'assurer que la solidification des os était complète, mais cette position n'avait rien que de très désagréable. Cette botte de plâtre une fois sèche me fit beaucoup souffrir, elle était d'un poids énorme, je ne pouvais plus remuer la jambe; l'attelle me comprimait si fortement le petit doigt de pied, que c'était à en devenir fou; j'endurais absolument le supplice, dit du brodequin, employé autrefois pour soumettre les criminels à la question (?); je fis scier le haut de cette attelle par l'habile infirmier Henri. Une fenêtre ménagée sur la malléole interne, devait, au dire de ces Messieurs, suffire pour les pansements, mais il fallut bientôt en ouvrir une autre en face, ce qui n'était pas commode, le plâtre ayant durci tant qu'il pût. Mon pied fût tellement torturé dans cet appareil, que toute la partie phalangienne se rétracta comme des griffes de chat, et fut pour toujours ankylosée dans cette affreuse position (pied équin).

Le docteur Roux, était le médecin résident de la Ville-aux-Clercs, que la Duchesse fit venir pour suppléer et remplacer M. Satis; c'était je crois un brave homme, et un médecin passable, mais lent, sans décision, peu attentif; il venait tous les jours, souvent matin et soir, me faisait des pansements qui n'étaient pas adroits, entre ses mains ma jambe souffrait à chaque fois qu'il la levait, et elle pourrissait lentement sans qu'il eut l'air d'y prendre garde; ses fréquentes visites ne me tiraient pas d'affaire. Au lieu de continuer l'appareil de bandes et d'attelles qui me réussissait si bien avec M. Satis, il imagina de me séquestrer dans une charpente qui porte le nom d'un médecin de Genève : aux coins du lit, l'on fixa quatre montants en bois, supportant un cadre en charpente au-dessus de ma tête, de cette carie une corde descend à ma portée pour m'aider à remuer dans mon lit, puis quatre autres cordages qui supportent au ras du lit une petite boîte dans laquelle ma jambe se trouve suspendue; les trois côtés sont à charnière pour la facilité du pansement, dans le fond des petits coussins de crin ou de balle d'avoine, recouverts de toile cirée pour porter le jarret, sans que le talon touche. Tous les médecins que j'ai vus depuis ont blâmé cette mécanique compliquée, qui a plus d'un inconvénient; d'abord c'est une espèce de balançoire qu'un rien met en mouvement, ce qui est très agaçant, puis les trois côtés mobiles rendent le pansement facile, mais la jambe n'est jamais levée, les coussins du fond sont toujours humides et malpropres, on peut dire que c'est une boîte à infection, une boutique à pourriture d'hôpital, à gangrène, à amputation ; aussi ma jambe ne guérit point, aux flictens ont succédé les fusées purulentes, collections, fongosités, décollements, séquestres, esquarres, etc., etc. J'avais ainsi la jambe suspendue dans sa boîte, un rond de caoutchouc sous le coccyx, en-dessous du matelas mon inséparable planche qui servait quelquefois à m'enlever pour refaire un peu le lit, ou placer des alèzes. Voyez quelle jolie position sociale!

Pendant tous les si tristes temps de décembre 1870, et janvier 1871, M. Roux fut souvent, malgré son caractère terne et craintif, l'événement du jour; demandé de tous les côtés, il voyait et savait bien des choses; les communes qui entourent la forêt, forment sa clientèle habituelle;

il soigne des malheureux paysans que les uhlans dans leurs reconnaissances en décembre se sont amusés à blesser de leurs lances. L'un d'eux avait attrapé un coup de pointe qui lui avait défoncé le nez ; M. Roux lui mit une sonde par la bouche pour empêcher l'obstruction des fosses nasales. Ces nouvelles plus ou moins intéressantes, ne me refaisaient pas la santé; pour me distraire l'estomac, ce Monsieur me conseillait de déjeûner d'une pomme de terre cuite sous la cendre, ce qui me plaisait beaucoup, mais non à la duchesse, elle aurait voulu me voir engloutir le beefsteack et la côtelette règlementaires, qu'elle avait tant de peine à se procurer pour l'ambulance ; mais ces deux objets cuits ou crus, me faisaient mal au cœur; ce médecin m'indiquait aussi pour me ravigoter les haricots verts conservés en boîtes, mais il était impossible de s'en procurer, même dans les villes. Je me rabattais sur le cresson et les fromages, que l'ordonnance achetait aux bonnes femmes du pays, c'était, je crois, quatre sous la botte de cresson, et vingt sous le fromage ; celui-ci me régalait, quoiqu'affligé d'une odeur de cendres, et desséché par un long séjour dans cette cachette originale, où les fermières le sauvaient des voraces Gaulois ou Germains; le cresson m'était mesuré, sous prétexte d'être affaiblissant.

Nombre de médecins étrangers au Vendômois, passent et repassent par mon ambulance; ils examinent ma jambe, la palpent, la sondent, me font toutes sortes de questions, et se retirent silencieusement pour en conférer avec le duc ou la duchesse : ceux-ci me défendent tant qu'ils peuvent, car les Internationaux, Versaillais, Irlandais, gens de Lizieux, etc., sont unanimes, à demander l'amputation ; tous ces chirurgiens réels ou improvisés par la Défense Nationale, courrent les villes et campagnes pour couper jambes et bras, c'est une véritable acharnance ! Malgré tout leurs visites me font plaisir, elles me distraient, me donnent souvent des nouvelles du Mans, de Versailles, de Vendôme, de partout; ils nous laissent des médicaments bien utiles : sulfate de quinine, acide carbonique (ou acide phénique en cristaux renfermés dans de petits bocaux, préparation anglaise), etc., etc. L'acide phénique est un objet de grande consommation dans l'Année Terrible; ma jambe en boit des litres, et use des crayons de pierre infernale (lisez : Nitrate d'argent chez le pharmacien) pour brûler les bourgeons charnus, fongosités, et autres, qui font mon agrément perpétuel.

Lorsque je puis écrire sans trop de fatigue, je noircis du papier à l'adresse de ma grand'mère, de mes deux frères, dont l'aîné qui est assiégé à Verdun (Meuse), fait ensuite un long pèlerinage de captif à travers l'horrible Prusse, jusqu'à Dantzig, sur la mer Baltique. Nos lettres se croisent, se recroisent, s'entrecroisent, s'égarent, et nous parviennent avec un ou deux mois de retard. René reçut à Dantzig une lettre de ma grand'mère ainsi conçue : « J'ai reçu des nouvelles de « Charles; il paraît que sa blessure va « mieux, et qu'on va pouvoir lui poser un « appareil..... ». Il fut longtemps à se demander si j'étais grièvement blessé ou non, où et comment, et en quel lieu je me trouvais ; enfin des lettres *antérieures* lui expliquèrent l'énigme. Je lui écrivais directement viâ Prusse, lui adressait ses lettres par la Suisse, et par l'Angleterre; il avait fait mettre son nom et son adresse dans le journal l'*Indépendance Belge*, espérant nous rassurer. Un de nos parents, M. Edmond Cureau de Roullée, qui avait beaucoup de connaissances en Angleterre par sa seconde femme, née Patty Blackett, avait envoyé à René une lettre de recommandation pour le Consul d'Angleterre à Dantzig. Ce fonctionnaire et sa femme furent d'une grande ressource pour René, et adoucirent pour lui tant qu'ils purent les ennuis dangereux et les tristesses profondes de la captivité. Les lettres que je recevais de Dantzig, me faisaient grand bien, nos idées, nos sentiments, concordaient si bien ensemble ! tous deux exilés, éloignés de nos relations ordinaires, voués pour un temps indéterminé à l'immobilité, à l'inutilité, humiliés de nos incompréhensibles défaites, et de l'obligation pour lui, de vivre au milieu des infâmes ennemis de notre race, et pour moi de les voir habiter en conquérants sauvages nos belles provinces de l'Ouest, qu'ils pillent et rançonnent à plaisir. Ainsi se passait tristement notre jeunesse ! Les lettres de ma grand'mère et de Robert m'intéressaient bien vivement, comme venant directement du Mans, avec quelques détours et retards; elles me donnent des nouvelles du pays Manceau, de Montauban (mon patrimoine), et de tout ce qui peut m'importer. Celles de ma grand'mère sont fréquentes, et remplies d'une incessante inquiétude : octogénaire, elle reçoit chez elle les maudits Prussiens, pour la troisième fois, ils ont fait irruption dans son hôtel, place de l'Éperon, 25 (ancien hôtel de Valentinois), et ils ont rempli son château de la Grange-Moreau, à Vallon-en-Champagne, à cinq lieues du Mans.

Sachant par mes lettres et par la visite que Robert est venu me faire, que je suis bien installé, et soigné comme un enfant de la maison, ma grand'mère écrivit plusieurs fois à la bonne duchesse pour la remercier, et pour la prier de lui donner de mes nouvelles; car elle craint que je ne lui dise pas la vérité, toute la vérité, rien que la vérité. S'ensuit entre la place de l'Éperon et la Gaudinière une correspondance régulière et très amicale; j'ai dû dépeindre à mon ambulancière quel était le caractère de grand'mère, afin de lui faciliter les réponses : il faut rester dans les moyens termes, ne pas dire tout ce que l'on pense, ni tout ce que l'on sait, parce que ma grand'mère a une imagination tellement vive qu'elle voit toujours bien au delà de ce que l'on peut lui laisser entendre. Cette manière de faire m'a été enseignée par mon père, par son expérience et par la mienne propre.

S'il avait fallu que la duchesse répondit ainsi aux familles des quatre officiers de son ambulance, elle eut eu fort à faire; Paul de Chevreuse, qui fut plus tard le duc de Chaulnes, est le neveu de la maison, et il a heureusement sa mère, qui à la première nouvelle de sa blessure est venue s'installer à son chevet; elle y est rejointe par sa charmante belle-fille, Yolande de La Rochefoucauld-Bisaccia, duchesse de Luynes; toutes deux, au début de la guerre, sont restées à Dampierre (Seine-et-Oise), puis les deux frères s'étant engagés dans la garde mobile de La Flèche, leur mère s'est résignée à rester seule à Dampierre pour préserver ce magnifique château de la furie tudesque (1); elle vit là au milieu d'un état-

(1) Voyez : *Devant l'ennemi*, par E. d'Avesne, P. Palmé, 1882, et : *Au service du Pays, souvenirs de l'école Sainte-Geneviève*, Paris, Palmé, 1879.

major ennemi, auquel elle tient tête comme il faut. A l'annonce de la blessure de Paul, qu'elle crût transporté à Sablé, elle part dans un poney-chaise, attelé de quatre petits chevaux, parce qu'ayant à traverser toutes les lignes Prussiennes, elle pense que cet attelage la fera mieux reconnaître des états-majors qui se sont succédés à Dampierre. En effet, après bien des arrêts, après bien des nuits passées dans d'affreuses auberges où il n'y a pas de lits disponibles, elle arrive enfin au Mans, puis à Sablé. Là elle ne trouve que sa belle-fille, qui n'a point quitté ses enfants, car elle sait que son mari Charles marche tous les jours en avant; Valentine de Chevreuse repart de suite par le chemin de fer et arrive à la Gaudinière retrouver son cher Paul! c'est dans la deuxième quinzaine de novembre.

La belle-fille ayant su que l'armée de la Loire est stationnaire dans la Beauce, que les mobiles de La Flèche sont cantonnés à Champs ou à Épieds, ou à Boulay entourés d'un océan de boue fertile, mais insupportable, elle veut embrasser son mari, — pour la dernière fois, hélas! sans qu'ils s'en doutent ; — arrivée à Vendôme par la ligne ferrée, elle prend une calèche chez Riverain, et part toute seule à la recherche de son mari, en passant par la Gaudinière; lorsqu'elle revient, les hostilités ont commencé ; de la fin de novembre à la mi-décembre l'on se bat tous les jours; bientôt l'on signalera des reconnaissances de uhlans autour de la forêt; Mme Valentine craint pour son fils, que les ennemis ne veuillent l'emmener en Prusse ; donc, un matin elle l'emballe dans la calèche qui a ramené sa belle-fille de Boulay ou d'Épieds; on installe Paul sur une planche et un matelas, et tous les trois se sauvent sur Vendôme pour regagner Sablé; les domestiques suivent comme ils peuvent.

Yolande, duchesse de Luynes, n'est restée que quelques jours à la Gaudinière, lors de ses deux passages ; elle ne reverra plus son mari, tué peu de temps après à la bataille de Loigny, le 2 décembre, lui laissant deux tout jeunes enfants. Cette jeune femme reste seule du premier mariage de Sosthènes de La Rochefoucauld, duc de Bisaccia, avec une Polignac ; elle avait un frère, très délicat, qui est mort aux îles Madère ou Canaries, où son père l'avait conduit et soigné. Yolande de Luynes n'est pas jolie, mais elle est distinguée, très gracieuse, intelligente, aimant fort son mari et ses enfants; celui-ci, duc de Luynes par la mort de son père et de son grand-père, est petit, gros, trapu, très fort, grand chasseur, et se ferait aimer, s'il ne faisait sonner trop haut son titre, sa fortune, son château, etc., etc. Je l'ai fréquenté pendant plusieurs années à l'École préparatoire de la rue des Postes, lorsqu'il était tout simplement Charles de Chevreuse. Lorsque le pauvre garçon eut été tué, son inhumation eut lieu dans un coin perdu de la Beauce sous la direction d'un pasteur Protestant; un croquis fut fait de l'emplacement (1). Dès que la pauvre mère sut la fatale nouvelle, elle contraignit sa belle-fille à rester à Sablé, et revint seule à la Gaudinière, pour se lancer au delà à la découverte; aidée d'un P. Jésuite, elle put retrouver l'endroit, faire exhumer le corps, le reconnaître, à quelques signes, à ses bijoux, puis conduire cette chère dépouille à travers toutes les lignes Prussiennes jusqu'à Dampierre (Seine-et-Oise), où elle lui fit faire des funérailles splendides. Quelque temps après, elle revint par la Gaudinière, pour revoir ses parents, et leur raconter tout ce qu'elle avait souffert. A ce moment les Teutons fourmillaient dans le pays; quatre offiziers, dont deux de cuirassiers blancs à revers de velours grenat, étaient venus s'amuser à tirer au pistolet, de jolis petits canards demi-

(1) Voyez : *Le R. P. Chauveau, Souvenirs de l'École Sainte-Geneviève*. Paris, Palmé, 1879 ; et d'Avesne : *Devant l'ennemi* p. 270. Paris, Palmé, 1882.

sauvages, sur la pièce d'eau devant le château; ces vautours d'outre-Rhin étaient là comme chez eux. Puis l'idée leur vint de visiter l'ambulance : fallacieux prétexte pour entrer dans le château; les domestiques s'y laissèrent prendre; sachant les deux duchesses enfermées ensemble et tout à leur douleur, Bellanger n'osa les déranger, et m'amena les quatre Germains comme d'honnêtes visiteurs; quant à moi, toujours couché sur le dos, je faisais de la charpie pour utiliser mon loisir forcé; voilà mes deux blanc-vêtus, accompagnés de deux noir-vêtus, dont l'un parlait admirablement le français, qui m'entourent, m'interrogent, me demandent mes armes, et me font prisonnier sur parole; pour ceci je leur donne mon nom sur un bout de papier, en leur disant que les médecins me promettent encore plusieurs mois de lit et que probablement la guerre sera finie; pour mes armes, je leur réponds que je les ai renvoyées avec mes chevaux chez moi au

Mans. A la vérité le fidèle ordonnance Louis Chevalier, avait caché mon sabre et mon dernier revolver, dans quelque trou, je ne sais où; j'avais deux autres revolvers qui furent pris avec mes cantines à ....., dans la Beauce; mon deuxième cheval, Étoile, était dans les écuries du château. Mes quatre tyrans s'exclamaient dans leur rude langage, en examinant à l'aise et en détail le mobilier et les tentures de ma chambre d'ambulance. Chacun d'eux probablement avait envie d'emporter la pendule! Après m'avoir débarrassé de leur odieuse présence, ils se firent conduire dans la véritable ambulance en dehors du château. Pendant ce temps la duchesse de Chevreuse ayant épanché une partie de ses douleurs maternelles dans le bon cœur de sa cousine, celle-ci sortit de son appartement, et sut ce qui se passait. La voilà bravement partie à la poursuite des envahisseurs, et elle seule les arrête, leur tient tête, les gourmande, veut savoir de quel droit et pourquoi, ils interrogent ses blessés et prennent leurs noms ; en définitive, elle exige d'eux quatre, qu'ils rédigent et signent une pièce en allemand, constatant qu'ils ont trouvé quatre officiers français et environ trente soldats, tous blessés ou malades, et qu'ils invitent toutes les autorités allemandes à respecter cette ambulance qu'ils ont trouvée régulière en tous points, et non suspecte. C'était pour la Duchesse une vraie victoire : frêle, petite, très gracieuse, par cela-même peu imposante, elle avait seule tenu tête aux quatre autocrates Prussiens, leur avait fait des reproches assez durs, et leur avait dicté et imposé ses conditions. Il est vrai que ces barbares avaient jusqu'à un certain point le respect des femmes, et que le titre de Duchesse leur en imposait beaucoup. Tout le monde à la Gaudinière répétait à tout instant : « Madame la Duchesse », et les vainqueurs ripostaient : « Où est-elle votre Duchesse ? » Pendant leur marche sur le Mans, ils essayèrent deux fois de forcer l'entrée du château : ce fut d'abord une réquisition de vin pour un État-Major, ils avaient amené un fourgon, quelques soldats suivirent les domestiques dans les caves, soi-disant pour les aider, il y eut un peu de pillage, mais on vint à bout de les congédier. Ce fut là qu'ils remarquèrent Louis Chevalier qui était allé bêtement pour aider les domestiques, affublé de souliers de soldat très reconnaissables, et de sa blouse bleue de Mobile dont il avait décousu les deux pattes rouges, mais la place s'en voyait aisément sur les épaules. L'un des pillards lui mit la main sur l'épaule, en disant : « Vous Franc-tireur. » Le Moblot s'esquiva, la chose fut de suite rapportée à la Duchesse et à moi, j'envoyai l'homme couper sa moustache, il passa au vestiaire, où se trouvaient toujours de vieux effets de domestiques ; les pillards revinrent le soir même ou le lendemain réclamer le franc-tireur, mais Chevalier était méconnaissable, leur chasse fut infructueuse, sauf qu'on leur donna comme os à ronger, un chevreuil tout entier que les gardes avaient trouvé péri dans la forêt; ils l'emportèrent à la Blottière, qu'ils occupaient comme un repaire de forbans. Un autre jour ils avaient mis dans leurs têtes carrées qu'ils occuperaient le château militairement; la Duchesse, seule comme bien souvent, fit fermer toutes les portes; alors de la cour d'honneur, la troupe monta à l'assaut du perron, bayonnette au canon; lorsqu'on vit qu'à coups de crosse, ils allaient faire voler la porte, celle-ci s'ouvrit à deux battants, les domestiques en habit noir, ou en livrée, étaient tous là, formant la haie, la Duchesse exhiba tous ses titres d'ambulance, et obtint la retraite de l'ennemi.

Le Duc était souvent à la Ville-aux-Clercs, dont la mairie l'occupait beaucoup jour et nuit, à cause des passages de troupes, des réquisitions, et autres charges de guerre. Pendant l'armistice Stanislas s'absenta plus longtemps : son frère cadet Sosthènes, est venu nous voir quand les chemins étaient libres en novembre, maintenant il a été élu Député dans la Sarthe, où le magnifique château de Bonnétable lui appartient. Stanislas fait alors le voyage de Bordeaux pour la réunion de l'Assemblée, en février. En passant il voit son fils aîné (Sosthènes aussi), qui est toujours au collège de Poitiers; en revenant il s'arrêtera encore à ce collège, mais remontera jusqu'à Sablé, où la pauvre Duchesse de Chevreuse est rentrée, et soigne avec tout son amour son fils Paul, le dernier de ses enfants et le seul vivant. L'aînée des trois, Louise, charmante jeune femme, s'en est allée bien trop tôt, laissant à son mari, Elzéar de Sabran, une petite fille au berceau. Paul va de mieux en mieux, son pied guérira, mais hélas! le pauvre garçon connaîtra plus tard les malheurs domestiques, et sera frappé d'une mort prématurée. Après ce voyage, pendant lequel la paix fut signée, le retour du Duc fut une grande joie pour tous les hôtes de la Gaudinière.

Lorsque quelque Germain venait discuter avec la Duchesse, celle-ci prenait pour interprète la bonne de son fils Mathieu, laquelle était d'un coin allemand quelconque, et avait été gagée dans les temps prospères pour apprendre à l'enfant sa langue barbare. D'autres fois la Duchesse envoyait le précepteur, jeune Anglais très distingué, et parmi les offiziers il s'en rencontrait presque toujours quelqu'un qui répondait en Anglais parfaitement bien. Un jour un Chirurgien fut envoyé par un État-Major tudesque du voisinage pour inspecter l'ambulance : il était tout seul, ah ! qu'il fut bien reçu ! la Duchesse le fit escorter par les valets de chambre dans la Bibliothèque qui était ma voisine : à travers la porte, j'entendais les éclats de la voix tonnante et rageuse du Teuton, exaspéré par la résistance raisonnée, et hardie qu'une femme lui opposait. Son orgueil était fortement humilié de voir sa science de commande, sa personne issue du Vaterland (la patrie allemande), son rôle de brutal conquérant, obligés de rendre les armes à une petite châtelaine inconnue, lorsqu'il n'avait qu'une porte à pousser pour être auprès de mon lit. Il ne vit ni moi, ni les autres, et s'en fut la rage au cœur. Aucun chirurgien de cette race pédante n'a jamais vu ma jambe blessée, elle n'a été souillée ni de leur bistouri, ni de leur sonde, ni de leur contact immonde; dans son malheur, elle est fière de cette virginité. Mais dame ! elle a compté jusqu'à dix médecins ou chirurgiens différents qui lui ont donné leurs soins, ou rendu visite de l'œil et de la main. A Ouzoüer-le-Marché, deux médecins militaires et un civil (le Maire en personne), étaient peut-être bons charcuteurs, mais ce n'était pas par intérêt pour les blessés pour lesquels ils n'avaient aucun égard. M. Roux, dont j'ai déjà parlé, était un drôle d'homme : bien souvent il laissait faire à leur guise les valets de chambre ou le Suisse qui s'improvisaient infirmiers; lorsque je quittai la Gaudinière, je dis à la Duchesse, qu'ayant pu sauver un rouleau d'or qu'elle-même avait adroitement caché dans mon appartement, je désirais lui laisser un souvenir quelconque pour les Docteurs Satis et Roux qui m'avaient régulièrement soigné; elle calcula que d'après le nombre de leurs visites, en leur laissant à chacun deux cent cinquante francs, ce serait bien suffisant pour remplir mon intention; je lui laissai donc cinq cents francs pour ces Messieurs; si tous les médecins d'ambulance en eussent reçu seulement autant des Officiers Supérieurs qu'ils ont soigné pendant l'Année terrible, je crois qu'ils auraient réalisé une jolie fortune ? Eh ! bien, figurez-vous que très peu de jours après mon retour au Mans, je reçus une lettre pressante du Dr Roux, fort étonné que je ne lui fasse remettre que deux cent cinquante francs, alors que ses honoraires, joints à divers médicaments, se montaient au moins à six cents francs pour moi seul ; silence de ma part; à sa demande réitérée, dans une seconde lettre, je répondis que je lui avais fait remettre simplement un souvenir personnel, que s'il voulait tarifer ses soins à l'ambulance, qu'il s'adresse au Duc qui l'y avait appellé ! J'en fus ainsi débarrassé. A-t-il pour ses six cents francs par tête, conservé beaucoup de soldats à la France ?

Un autre médecin original que nous vîmes quelquefois, Roux étant ou malade ou en route, c'était un vieillard encore vert, médecin militaire sous le Premier Empire (?), retraité à la Ville-aux-Clercs. Pour laver les plaies il prenait un bon torchon, puis il frottait fort, comme pour astiquer un fourniment ; il croyait avoir affaire aux hommes de 1815, qui étaient de bronze ou d'acier ; les hommes fabriqués sous le Deuxième Empire étaient presque tous en cire molle ; je n'eus pas à me plaindre de ses soins passagers.

Je vis assez souvent, dans les derniers temps, le médecin en chef de l'ambulance volontaire organisée par la ville de Lisieux

(Calvados) ; il avait un personnel et un matériel nombreux, qui étaient venus s'implanter chez la vieille Duchesse de Mirepoix, au château de Montigny, à deux ou trois lieues de nous. Avec les blessés, cette ambulance représentait un total de soixante-dix étrangers logés dans ce château. En plus, la vieille Duchesse eut encore à héberger un état-major allemand grossier, insolent, comme tout être de cette brutale nation ; ils se faisaient donner des aubades pendant tous leurs repas par leurs fanfares à la Wagner (genre boum-boum). Les châtelains en furent réduits à se coucher à tâtons, n'ayant plus un bout de chandelle, de par l'amabilité de Messieurs les vainqueurs. Ce médecin de Lisieux quand il vint nous voir parlait beaucoup de couper bras et jambes dans nos environs, ma jambe heureusement était déjà emballée dans un appareil plâtré. Il nous apprenait que le premier précepte d'hygiène pour guérir les plaies et blessures, c'était d'éviter la constipation. Les Mirepoix venaient nous voir au moins une fois par semaine, surtout M. le Comte Sigismond, l'un des fils de la Duchesse, marié à Juliette de Crillon; celui-ci a lui-même trois fils, j'ai beaucoup connu le second, Félix, officier de cuirassiers; l'aîné, marié à une d'Hunolstein est resté avec ses parents à Montigny, le troisième, Charles est officier de chasseurs d'Afrique. Ce sont tous gens fort aimables, et j'ai bien du plaisir à les voir former le cercle autour de mon lit. M. et Mme Sigismond, inquiets du sort de leurs deux cadets, partent un beau jour à la découverte: ils savent que le dépôt du régiment de cuirassiers est à Poitiers ou à Niort; c'est par là qu'ils commencent, mais jusqu'à la Loire, le pays est un vrai camp prussien. Toutes communications régulières sont interrompues. Ils cheminent de village en village dans la direction de Château-Renault, souvent arrêtés, souvent repoussés, obligés de demander des laissez-passer à tous les états-majors Teutons. Dans bien des endroits, on leur impose un séjour toujours trop long pour eux si pressés d'arriver; se procurer une carriole est toute une affaire; un lit, une chambre dans les auberges sont presque introuvables; il leur faut fouiller toutes les ambulances qu'ils côtoient, dans la crainte de passer à côté de leurs fils, s'ils sont blessés. A Tours, où ils séjournent pour se renseigner, il n'y a plus de Gouvernement, ni aucune ressource; ainsi, détail trivial comme tant d'autres de ce récit décousu, Mme la Comtesse de Mirepoix ne peut trouver dans les magasins de l'élégante ville tourangelle, un morceau de soie pour remettre elle-même des manches au gilet de chasse de son mari. Arrivés cahin-caha à Poitiers, ils apprennent au dépôt que leur cuirassier commande un escadron de marche employé à l'armée de Bourbaki, et qu'il doit être interné en Suisse, c'est déjà un espoir. Renseignements pris, le chasseur d'Afrique n'a pas dû passer la Loire, mais où campe-t-il ? Notez que ce voyage à la découverte avait lieu pendant l'armistice, et que les troupes ne faisant plus guère de mouvements, il devenait plus difficile de se rencontrer. Nos voisins profitent de ce qui reste de chemins de fer pour aller directement de Poitiers à Angers ; en Anjou, ils ont quelques amis, aussi de château en château, de village en village, de patache en carriole, ils finissent par gagner Laval, où toute la deuxième armée de la Loire est venue s'échouer ; il faudra plusieurs jours, pensez-vous, pour obtenir des laissez-passer, et pour fouiller tous les cantonnements ? Mais à peine a-t-il pris langue, et s'est-il orienté que M. Sigismond reconnaît son fils dans la rue, car le jeune homme est de service auprès d'un des nombreux généraux qui gravitent autour de Chanzy. Tous les trois passent à Laval quelques jours bien remplis, bien heureux. Vous croyez facilement à la joie que la mère dût ressentir dans son cœur, en embrassant son fils Charles sain et sauf, bien portant, après tant d'épreuves subies de part et d'autre. Mais dans ce cœur de mère, une place réservée au cuirassier, est inquiète et non satisfaite, il faudrait le voir, l'embrasser, pour être sûre qu'il est aussi valide que son frère cadet. En route donc pour la Suisse, en redescendant de l'Ouest au Centre de la France, pour retomber à Lyon en pleine Commune : il ne fait pas bon s'y faire connaître, les espions fourmillent, les chemises rouges sont en faction partout et sont maîtres de tout. Passons rapidement, les papiers sont en règle, pour filer sur la Suisse, et y retrouver l'armée de Bourbaki : Félix est là, bien portant, grâces à Dieu ! Ainsi la famille est complète quoique dispersée ; en faisant leur pénible voyage, les Mirepoix en ont rapproché les membres épars, en les réchauffant, en les encourageant par cette preuve d'affection, et en les félicitant d'avoir accompli leur devoir. Honneur au courage malheureux ! Tant de fouinards ont quitté les postes avancés et périlleux, pour rentrer dans l'intérieur, où ils trouvent facilement des sinécures dans les États-Majors, l'Intendance, les Ministères, les Préfectures, les Camps de mobilisés, etc., etc. Beaucoup de galons, beaucoup d'États-Majors, pas de troupes ! Que de français dégénérés, vaincus sans avoir combattu ! Écoutez-les aujourd'hui s'exclamer : « Eh ! quoi, une statue à « Chanzy ! au Mans ! dans une ville qu'il « n'a pas su défendre ! » (textuel). Où étiez-vous, beau critique, en janvier 1871, lors de la prise du Mans ? Portiez-vous un sac, une giberne et un fusil ? Aviez-vous les mains noires de poudre, le ventre vide, les yeux caves, le corps voûté par la souffrance, les pieds écorchés et sanglants dans la neige ? Non ; eh ! bien, taisez-vous alors ; si vous n'avez pas été soldat, ce n'est pas à vous de juger un soldat !

Vinrent un jour à la Gaudinière des

médecins Irlandais, chefs d'une ambulance complète de cette nation; l'un d'eux sonda avec beaucoup de soin toutes les plaies de ma jambe (région tibio-tarsienne) et conclût à l'amputation nécessaire ; heureusement le Duc est là, et en arrière de moi, il discute cette opinion et le force à différer.

Un Médecin des Hôpitaux de Versailles, a été chargé par cette ville de distribuer des secours aux ambulances de l'Armée de la Loire. En revenant du Mans, où il a visité soixante-dix ambulances, soit dans la ville, soit dans les environs, il s'arrête à la Gaudinière, où nous ne manquons de rien, et me fait un récit très intéressant de tous les fléaux qui sont venus fondre sur ma pauvre patrie Mancelle. Les maladies infectieuses et pestilentielles y fourmillent : les varioles éruptives et charbonneuses, les affections typhoïdes et ataxiques, les fièvres purulentes, pourritures d'hôpital, etc., etc., forment un charmant cortège aux Frédéric-Charles, Voigt-Rhetz,

Kanitz et autres barbares conquérants. Ce médecin me voyant très bas, parle de la viande crue pour me remonter en forces; et pour vaincre le dégoût, il explique son système, qui consiste à faire des sandwiches très légères avec un peu de viande crue pilée, étendue entre deux minces tranches de pain beurré et salé. Sur l'heure, la Duchesse en confectionne elle-même hors de ma vue, et m'en apporte à goûter. Ainsi préparé, c'était très supportable, dès le lendemain et pendant le reste de mon séjour au château, j'en mangeai deux ou trois par jour. Ce n'était plus le temps, où pour me décider à cette maudite viande crue, la Duchesse avait essayé, après avoir fait piler ma ration, de la jeter dans un bol de bouillon très chaud, et de m'ingurgiter cette mixture; malgré toute la bonne volonté que j'aurais voulu lui témoigner, il me fut impossible de surmonter un dégoût allant jusqu'aux nausées; alors, persuadée que j'allais devenir anémique, et voulant que mon estomac conservât l'habitude de digérer quoique ce fût, elle me fit prendre à plusieurs reprises un petit verre de vin de Bordeaux vieux, dans lequel elle faisait fondre à froid gros comme une noisette d'Extrait de Liebig; j'avalais cette verrasse les yeux fermés, car elle avait l'apparence de cirage délayé.

De ce succès des sandwiches à la viande crue, mes chers hôtes étaient ravis, les forces me revenaient, l'on me citait comme exemple à une jeune femme des environs : Mme de Massol, qui se mourrait d'anémie; mais cette viande crue lui était horrible, elle ne pouvait se résoudre à s'en nourrir, même lorsque la Duchesse lui en préparait elle-même dans les fréquentes visites qu'elle lui faisait; je crois bien que la pauvre est morte depuis. La guerre de 1870 et la Commune de 1871 en ont bien démoli de ces organisations féminines, délicates et frêles, par l'inquiétude, la peur, le manque d'aliments choisis et variés, et l'air empesté que les belligerants laissaient derrière eux dans bien des maisons. Même à la Gaudinière, en pleine forêt, on mourrait de la variole noire, et le capitaine Magouët de la Magouërie voyait les chairs de son pied s'en aller par morceaux noirs et infects. J'ai bien doutance que dans une ville, ni l'un ni l'autre de nous n'eût échappé à l'amputation. Ce capitaine appartenait au Bataillon de fusilliers marins du commandant Collet; il était venu me voir un jour où son service de grand'garde le retenait dans la forêt, je l'avais trouvé charmant, intelligent et modeste. Le commandant Collet avait eu le tort d'abandonner aux Prussiens la position dominante de Fréteval, il reçut l'ordre de la reprendre, mais les Prussiens occupaient déjà les maisons, du village (1). Les marins s'y battirent si héroïquement, qu'une douzaine d'officiers de ce bataillon restèrent sur le carreau, tués ou blessés; Magouët reçut deux balles dans

(1) Voir le R. P. Chauveau, *Souvenirs de Sainte-Geneviève*, art. Boysson.

le même pied, un matelot le ramassa et le porta à l'écart pour le faire soigner; Magouët pu faire dire au Duc qu'il le priait de lui envoyer une voiture pour le ramener à la Gaudinière, ce qui fut fait soigneusement. Magouët passa de bien cruels moments à l'ambulance dans les dépendances du château, nous ne pouvions nous voir, grande privation pour moi, car c'était un garçon instruit, modeste, d'un commerce agréable. Toutes les chairs de son pied tombèrent en putréfaction noire, plus de dix fois il fut question de l'amputer, ses cheveux et sa barbe blanchirent entièrement. Les Doudeauville étaient bien inquiets du sort de ce brave marin dont le caractère affable avait gagné tous les cœurs. Enfin le Duc, qui s'était énergiquement opposé à l'amputation, gagna son procès, car les chairs repoussèrent et l'on put considérer Magouët comme sauvé. Aussi, lors de l'armistice, sa sœur Mme Bonnamy, accompagnée de sa fille Mlle Albertine Bonnamy, vint lui tenir compagnie pendant quelques jours, et le préparer au rapatriement. Ces deux dames étaient fort gaies, d'agréable société, et voulaient bien me faire quelques visites qui me faisaient grand plaisir : Mlle Albertine Bonnamy dont le père est conseiller général à Brest ou à Lorient, est une grande belle fille brune, de belle race, qui paraît très bien élevée. La Duchesse, qui manie joliment les crayons, lui propose de faire son portrait, ce qui demandera deux ou trois après-midi; je l'ai vu, il était très réussi, et la mère demanda à l'emporter, ce que la Duchesse n'osa pas refuser, quoiqu'elle eut désiré l'ajouter à sa collection déjà nombreuse. Lorsque ces dames partirent en mars avec Magouët, ce fut certainement un vide à la Gaudinière. Hélas ! le pauvre garçon, si heureux de revoir sa Bretagne, y mourut en juin ou juillet 1871, de la variole, qu'il avait cotoyée tout le temps à l'ambulance, et au moment où sa blessure tournait certainement vers la guérison. (Les médecins et infirmiers répètent à satiété : « La plaie est belle » ; c'est banal et insignifiant.) Mme Bonnamy eut la bonté de m'écrire un mot au Mans à cette occasion, comme à un ami du défunt. Celui-ci avait été accompagné à l'ambulance par un matelot qui l'avait relevé dans les rues de Fréteval. Ce matelot était soi-disant Parisien, il sentait du reste son faubourien d'une lieue ; il se targuait d'avoir sauvé son capitaine, et d'obtenir pour ce fait la médaille militaire, lorsqu'il serait rentré dans sa circonscription maritime. Si Magouët n'avait eu que cela pour infirmier, il eut été bien mal soigné, mais la Duchesse avait jugé l'individu, elle le tenait à l'œil, et grâce à elle le capitaine fut aussi bien soigné que possible.

Comme visites agréables je reçus encore celle des deux frères de Lur-Saluces, l'un officier, l'autre maréchal des logis, dans un escadron de Chasseurs détaché dans la forêt, et faisant partie de la brigade ou division du général d'Espeuilles.

Au moment de la retraite sur Le Mans, je vis aussi M. de Foulques, capitaine d'une compagnie de Moblots de l'Orne, et marié à Mlle Leroux de la Livaudière, du Mans; il avait tant souffert dans la Beauce, et depuis Josnes, qu'il était méconnaissable, je dûs lui demander son nom ; sa compagnie, me dit-il, originairement de deux cent cinquante hommes, était réduite à une trentaine de souffre-douleurs qui pouvaient à peine le suivre.

Pendant mes longs loisirs, la folle du logis se permettait chez moi bien des gambades; cependant la triste position où je me trouvais à vingt-cinq ans (je les eu le 22 décembre 1870), devait m'être de quelque utilité, et je composai la prière suivante :

« Mon Dieu ».

« Je vous offre mes souffrances physiques et morales, « passées et futures, acceptez-les pour le rachat de mes « fautes, et accordez-moi la grâce de ne mourir que de la « bonne mort. Ainsi soit-il. »

Autre :

« Mon Dieu »,

« Ayez pitié de la France, étendez sur elle votre bras « tutélaire, chassez les Républicains qui la bouleversent, « donnez-lui une monarchie durable et héréditaire, et « faites qu'elle redevienne la fille aînée de l'Église. « Ainsi soit-il. »

Lorsque ma jambe eut été chaussée d'une botte de plâtre, l'on me fit faire des béquilles chez le menuisier du village, que je payai bien entendu ; au moindre rayon du soleil pâle de l'hiver, deux ou trois hommes me portaient dans un fauteuil sur la terrasse du perron ; cela me distrayait et me donnait des forces, si courte que fut cette prise d'air. Quand le dernier casque pointu eut quitté le Loir-et-Cher, l'on me descendit jusque dans l'allée, et je m'essayai à marcher avec les béquilles ; la botte de plâtre était si lourde, qu'il fallait la soutenir par une corde que l'on me passait sur les épaules, pour que le pied ne traînât pas à terre ; c'est dans cet appareil que j'allai voir Magouët en faisant le tour du château. Le jour où je sortis du lit pour la première fois coïncidait avec l'ouverture de l'Assemblée Nationale à Bordeaux. Lorsqu'il faisait mauvais, je passais l'après-midi dans la Bibliothèque, sur un fauteuil ; je m'y trouvais en compagnie des hôtes habituels de la Gaudinière, c'est-à-dire des châtelains, puis des La Panouse qui sont les plus proches voisins, des Mirepoix dont le château de Montigny est à quelques lieues de nous vers le Nord-Est, M. de Massol autre voisin du côté de Busloup, le curé de la Ville-aux-Clercs, etc. Puis des personnages de marque : le maire de Châteaudun auquel le Duc avait offert pour 30,000 francs de bois à prendre dans ses futaies, pour aider à reconstruire les maisons ; sitôt que la ruine de cette vaillante cité avait été connue, le Duc s'était empressé de faire son offre ; un journal, une Revue Historique inscrivit même le Duc comme mort à la défense de Châteaudun ; le maire venait donc, la paix étant signée, pour remercier, voir le bois, le faire estimer, abattre, et partager à ses concitoyens ; pour simplifier ces opérations, il demandait l'autorisation de vendre sur pied la coupe de haute-fûtaie qui lui serait désignée et s'engageait à en partager le prix entre ses concitoyens au prorata de leurs pertes ; cette demande lui fut bien entendu accordée. J'eus l'honneur de fréquenter, toujours dans la Bibliothèque, le Comte de Colbert-Chabannais, père de notre Duchesse, homme de beaucoup d'esprit, qui nous raconte les faits de l'invasion allemande en Normandie ; il passe quelque temps à la Gaudinière, ainsi que Mme la Duchesse de Doudeauville-Douairière ; c'est la belle-mère du Duc Stanislas, comme seconde femme de son père ; âgée, mais de grande taille et de fière mine, elle arrive de Montmorency, où est sa résidence ; sa personne et ses biens ont eu à souffrir du voisinage de Paris, avant, pendant et après le siège, car Gaulois et Germains ont fourmillé par là. Ces différents personnages veulent bien s'intéresser au commandant des Moblots de la Sarthe, causer avec lui, et compatir à ses souffrances.

Les mois de février et de mars se passent ainsi, l'armistice est venu, puis les élections, et la paix définitive et écrasante pour la France ; si notre pays paye en ce jour les années de jouissance et de démoralisation, du règne de Napoléon III, Dieu veuille que la leçon lui profite, qu'il pleure sans cesse la perte de l'Alsace et de la Lorraine, et qu'il porte longtemps le deuil de ses fils égorgés par les barbares d'Outre-Rhin. Les troupes envahissantes se concentrèrent peu à peu autour des villes, et ne passèrent plus guères à portée de la Gaudinière ; cependant des offiziers d'État-Major ou soi-disant viennent de temps en temps de Fréteval ou d'ailleurs, soit pour visiter le château, soit pour monter au belvédère qui le domine, afin, disent-ils, d'avancer leur travaux sur la carte de France. Mais les entrées leur sont toujours impitoyablement refusées ; Bellanger devenu méfiant leur répond que Mme la Duchesse a les clefs, qu'elle est absente, et dépêche quelqu'un à sa recherche pour lui dire de ne pas se montrer; au moment de l'évacuation définitive du Blaisois par les hordes germaniques, un escadron ou deux de Hussards quittaient la garnison de Vendôme, les faux patriotes du pays leur avaient parlé des splendeurs de la Gaudinière ; aussi, passant par quelque route voisine, les offiziers de cette colonne, viennent entasser leurs chevaux dans les écuries, puis ils prétendent qu'on leur ouvre les plus belles chambres au premier, et ordonnent qu'on leur prépare un bon dîner, pensant bien dans leur jactance prussienne que la Duchesse va s'occuper d'eux, les recevoir à sa table, bref, leur faire les honneurs de son palais. Ils avaient compté sans leur hôte, car la

Duchesse s'enferma obstinément dans son appartement, dont ils ne connaissaient pas la route. Bellanger fit la navette de l'une aux autres; il offrit aux offiziers les chambres très convenables sises au-dessus des communs, mais ils étaient déjà entrés, et montés dans le corridor du premier, ils voulaient les belles chambres « les clefs, leur dit-on, « sont aux mains de Mme la Duchesse, « absente (ou malade) ». Alors ces vaniteux Teutons appellent une escouade de Hussards, qui montent avec leurs mousquetons, et se mettent en bon train pour enfoncer les portes. A cet instant apparaissent dans le corridor deux gardes-chasse en tenue, stylés par la Duchesse, qui se campent de chaque côté d'une porte menacée, et font mine de rédiger des procès-verbaux; stupéfaction du grand chef (1) des Hussards; interrogés sur ce

(1) Nos paysans disaient : un grand chef pour désigner un offizier, un petit chef pour un Unter-Offizier, ne connaissant rien de la hiérarchie prussienne.

qu'ils font là, les gardes expliquent qu'étant assermentés, ils viennent constater le délit d'effraction commis en pleine paix, car celle-ci est décidément signée. Cette tactique réussit; les brillants offiziers battent en retraite, et pour en finir, Bellanger les conduit au deuxième, dont les chambres leur paraissent acceptables pour abriter leur orgueil germanique. L'un des valets de chambre, Pierre, fait exprès, en préparant leur installation, de fumer sa pipe : « On ne fume pas ici ! « lui est-il commandé. — Vous fumez « bien, vous, réplique-t-il. » Et ce fut tout, car l'offizier vit bien que dans ce château français, il n'aurait pas le dernier mot. Restait le dîner : mais devant cette mauvaise volonté générale, devant le refus absolu de la Duchesse de les recevoir à sa table, les conquérants décidèrent qu'ils mangeraient dans leurs chambres du deuxième. Et le lendemain matin, ils décampèrent sans demander leur reste. Il était plus facile de bombarder Strasbourg, d'incendier Bazeilles et Châteaudun, que de s'établir en maîtres à la Gaudinière !

Avant cette époque et pendant l'armistice, une trentaine d'individus, déserteurs français ou braconniers de profession, s'étaient organisés en bande dans la forêt pour exploiter le gibier en grand ; ils étaient armés de fusils de munition ramassés sur les routes, et par le même moyen ne manquaient pas de cartouches. Les Allemands occupaient les rives du Loir, et la ligne ferrée de Tours, Vendôme, Châteaudun, Paris, mais ils négligeaient la forêt, aussi la fusillade y éclatait jour et nuit. Un boucher de Fréteval alimentait son étal avec la venaison que lui fournissait cette bande dont il était le recéleur. Les gardes-chasse s'interposèrent plusieurs fois, mais sans autre résultat que des procès-verbaux inutiles, puisqu'à Vendôme il n'y a plus de justice française. Un jour le Duc m'emprunte mon révolver d'arçon, monte à cheval, et à la tête de ses huit gardes, explore la forêt ; il trouve une allée barrée par ces trente bandits armés, avec lesquels il parlemente, mais il n'y a évidemment rien à faire, qu'à se contenter de vaines menaces. Tout cela ne me rassurait qu'à demi, car cette tourbe annonçait dans les villages qu'elle irait piller le château, et pour moi, dans mon lit ou à côté, je préférais encore le contact de la soldatesque allemande, à celui des infâmes déserteurs français. A quelque chose malheur est bon ! C'est qu'en effet, l'un de ces chasseurs en bande, raconta que son père était allé à Paris, profitant de l'armistice de ravitaillement, pour toucher quelque argent qui lui était dû par un commerçant de la capitale ; la somme était assez rondelette pour tenter un camarade, qui sachant par le fils, à quelle heure et par où le bonhomme devait s'en revenir de la gare, la nuit, à travers la forêt, le coucha proprement par terre d'un coup de fusil, comme s'il eut affûté un chevreuil. Il était resté un substitut de la République Française à Vendôme, le maire le prévint, alors avec des hommes de bonne volonté ou de réquisition légale, une battue fut organisée qui amena l'arrestation de l'assassin, et le désarmement de la bande. Il n'était pas trop tôt.

Une histoire assez désagréable arriva pendant l'occupation, à un des voisins de la Gaudinière, M. de Villebresme : Un État-Major prussien avait séjourné chez lui, un matin ils partirent inopinément, le châtelain descendit dans la cour pour surveiller le départ, ce qui était une bonne précaution ; son absence du château dura peut-être une demi-heure, lorsqu'il rentra dans sa chambre, il s'apperçut que son secrétaire avait été ouvert, et qu'on y avait soustrait un groupe de valeurs mobilières au porteur, formant une somme considérable que je n'ose aujourd'hui fixer dans la crainte d'exagérer (il me semble qu'il s'agissait d'un capital de cent mille francs). M. de Villebresme parcourut tous les cantonnements allemands de la vallée du Loir, il alla même à Orléans et ailleurs, partout enfin où il espérait que l'on se donnerait la peine de rechercher son voleur ; il le signalait aussi dans les villes, chez les banquiers, et dans les gares, pour qu'il fut fait opposition au paiement des coupons, car c'étaient en grande partie des obligations des chemins de fer français. J'ignore si ces recherches aboutirent.

Un autre voisin, M. de Lavau, ayant à ses crochets un nombreux État-Major de mangeurs de choucroûte, crut bien faire en présidant à sa table les repas de ces voraces. Mais voyant qu'ils se servaient de leur barbare langage sans lui adresser la parole il leur adressa le speech suivant : « Messieurs, je vous ai fait « l'honneur de vous admettre à ma table; « je n'entends pas l'allemand, et ne puis « suivre vos conversations en cette lan- « gue, il serait donc poli de vous expri- « mer en français, que vous parlez tous

« facilement; je vous prie de n'y point « manquer. » Cette leçon fût-elle du goût des Gallophobes ? Il en faut douter.

On nous raconta encore que dans un autre château, une bague de femme avait été oubliée sur une cheminée dans une coupe, par la maîtresse de maison fuyant le flot prussien; à un certain moment, le châtelain, resté seul, et écrasé de logements militaires, fut obligé d'abandonner cette chambre pour une nuit à un offizier; le lendemain la bague avait disparu; on s'en aperçut après le départ matinal des envahisseurs; le châtelain, paraît-il, aurait eu l'adresse de faire parvenir des lettres jusqu'à son voleur qui se décida à renvoyer la bague (?)

Dans un autre endroit, un propriétaire voulant cacher une somme assez ronde en or, la confia à la terre, au pied d'un gros chêne de son parc. Lorsque le pesant flot d'Allemagne se retira par Orléans, vers les tristes pays du Nord, ce Monsieur rechercha son or, mais il n'avait point marqué son chêne ; après avoir sans succès, fouillé le pied de plusieurs arbres, il fut obligé de prescrire une battue générale, où chaque arbre dut subir la visite ; fût-ce avec ou sans succès ? je ne sais.

Mon frère Robert vint me voir deux fois à la Gaudinière ; lorsque je fus arrivé à Ouzouër-le-Marché, j'écrivis de suite à ma grand'mère au Mans, pour la prévenir et lui raconter les détails de la chose ; un journal, les *Affiches*, édité chez M. Monnoyer, trompé par de faux rapports, avait publié que j'avais été tué à Coulmiers ; ce dire fut d'abord démenti par un témoin ; en effet, M. Paul David, marchand de sel, au Mans, capitaine de la garde nationale sédentaire, avait assisté à la bataille en amateur ; son frère, l'un de mes sergents, fût tué à ses côtés ; M. David put ramener au Mans le corps de son frère, et aussi dire à ma famille qu'il m'avait vu à 4 heures encore galoper sur le champ de bataille ; ma lettre arriva enfin, rétablissant la vérité ; la même erreur fut reproduite plus tard dans la *Revue historique*. Dès lors Robert chercha le moyen de me rejoindre ; il eut l'heureuse idée de s'arrêter à Vendôme pour prendre langue, et savoir comment gagner Ouzouër ; chez Riverain loueur de voitures, Pierre lui offrit ses services, et lui raconta que quelques jours avant, il était justement à Ouzouër pour transporter à la Gaudinière un commandant de mobiles blessé ; détails donnés et confrontés, Robert se décida à essayer de la Gaudinière, et c'est là qu'il me retrouva ; il y passa plusieurs jours avec moi ; me voyant parfaitement installé, et soigné de même, il renonça au projet de me transporter au Mans, que le docteur Satis n'eut pas autorisé non plus. Pendant ce séjour à la Gaudinière, le Duc fit très aimablement visiter à Robert toutes les belles et curieuses choses de l'intérieur et de l'extérieur du château, les écuries, la forêt, le parc aux daims, les serres, et le pays environnant ; comme j'étais dépourvu de linge, et que l'on n'en trouvait point à acheter dans le pays, Robert m'envoya quelques jours après sa rentrée au Mans, le fidèle Jean Roullin que j'avais laissé chez ma grand'mère ; c'était un triste voyage à ce moment, les trains n'avaient qu'un service de hasard, il fallait deux jours pour venir du Mans ; Jean était tout effaré, et n'avait peut-être pas la cervelle bien équilibrée. A la fin de mars, avant mon départ de la Gaudinière, Jean revint pour conduire au Mans, ma deuxième jument Étoile (1) ; la première, celle que je montais à Coulmiers, avait été conduite au Mans en novembre par un ordonnance (Bretèau), et vendue à Montauban à M. Clément, officier d'ordonnance du général Stéphani. Jean avait bien des choses à me raconter sur le Mans, Montauban, Vallon, etc. ; chez ma grand'mère il avait fait un peu tous les

(1) Il y avait bien 15 lieues d'étape par Epuisay, Saint-Calais, Bouloire, etc.

métiers ; réquisitionné par nos vainqueurs, il avait dû conduire en voiture un Offizier incommodé, jusque vers Conlie; mais ennuyé de la société prussienne, il s'était déguisé, avait pris à pied des chemins de traverse, jusqu'à ce qu'il eut rejoint Le Mans, abandonnant le cheval et la voiture qui avaient été réquisitionnés au Mans.

Louis Chevalier, pendant le temps qu'il passa à la Gaudinière, fit des imprudences de conscrit ; j'ai raconté qu'il avait failli être arrêté lors d'une réquisition de vin dans les caves du château ; c'était bien désagréable pour la Duchesse, car les Tudesques auraient bien pu faire une perquisition dans le château ; d'autrefois en promenant la jument qu'il m'avait ramenée, il s'en allait trop loin en dehors de la forêt, ou ne se déguisait pas suffisamment ; il risquait de se faire appuyer une chasse par les Uhlans qui parcouraient sans cesse les routes, mais qui n'entraient pas souvent dans la forêt. Ils croyaient que derrière chaque arbre, et dans chaque fourré se cachait un franc-tireur; ils vinrent plusieurs fois en nombre pour s'emparer de chevaux de chasse cachés dans divers endroits de la forêt; les indigènes probablement leur disaient: « Le Duc cache des chevaux, ils sont à « tel endroit ». Mais prévenu de ces petites trahisons, le Duc faisait filer les chevaux dans la nuit pour gagner un autre abri. Il n'avait, parmi les chevaux de selle, qu'un seul qu'il put monter, pendant les chasses, à cause du poids; un jour ce cheval fut réquisitionné avec une voiture légère et un cocher, pour conduire en Beauce un Offizier incommodé. Léon, le premier cocher, sut bien s'esbigner au bout de deux jours, mais il eut la maladresse de laisser le cheval aux mains des Prussiens ; c'était une vraie perte pour le Duc.

A partir du 15 février, date de la réunion de l'Assemblée Nationale à Bordeaux, les ambulances se vident peu à peu ; les services de chemins de fer se rétablissent, chacun reprend ses habitudes, et restaure son chez lui ; il est facile de voir que la Duchesse grille d'envie d'aller voir son fils aîné Sosthènes au collège de Poitiers, et de reprendre un peu d'indépendance en liquidant son ambulance. Le Duc est allé à Poitiers, à Bordeaux, à Sablé, il a été plusieurs semaines absent, il rapporte des nouvelles de toute la famille, et de toute la France ; la Duchesse fut bien heureuse de revoir son mari dont elle avait eu peu ou point de nouvelles pendant son voyage ; il était en pareil cas toujours escorté d'un valet de chambre ; dans ces riches familles, aucun membre ne circule jamais, qu'accompagné d'un serviteur, les dames emmènent leur femme de chambre et un valet de pied. La pauvre Duchesse a passé de bien tristes moments dans tous ces temps de guerre, mais depuis, par quelles épreuves a été torturé son cœur maternel ! son fils aîné Sosthènes est mort au régiment, le deuxième, Mathieu, est mort à Hyères; il ne lui reste aucun enfant!

Après le départ de Magouët de la Magouërie, les médecins m'ayant chaussé d'une botte de plâtre, je correspondis avec Robert pour combiner mon déménagement; il m'offrait de démeubler son salon, pour y faire mon ambulance; ma grand'mère désirait m'installer chez elle, place de l'Éperon, 25, dans l'ancien hôtel de Valentinois; ce quartier m'effrayait beaucoup, car il est d'une habitation difficile, surtout pour un boiteux, et j'acceptai l'ambulance de la rue Robert-Garnier, 16 (autrefois rue Sainte-Croix, 23). Robert vint donc une deuxième et dernière fois à la Gaudinière pour s'entendre avec moi; nous fixâmes la date du 1er avril, d'accord avec la Duchesse, et en repassant à Vendôme Robert me commanda une calèche chez Riverain, avec Pierre pour automédon. Celui-ci devra coucher la veille à Épuisay, pour que ses chevaux puissent souffler avant d'entamer la route du Mans ; un équipage du château me conduira le matin de bonne heure à Épuisay, car je compte coucher à Saint-Calais pour n'être pas trop fatigué ; l'hôtel de France est tenu par M. Mercier, qui fait des pâtés renommés.

Avant de quitter l'hospitalière Gaudinière, je fis mes adieux à mes infirmiers et infirmières, je laissai quelques louis d'or à chacun des domestiques qui m'avaient soigné. Le matin du départ arrivé, nous nous mîmes en route de bonne heure, Chevalier et moi dans un superbe landeau ; en sus de ma tenue militaire, j'emporte mes bottes de cheval, et un mince ballot de linge ; Chevalier porte à découvert son képy, son sac et son chassepot. Nous rencontrâmes la Duchesse qui revenait de la messe de la Ville-aux-Clercs, conduisant crânement ses petits poneys ; je lui fis donc sur la route mes derniers adieux. Le bourg d'Épuisay était presque en ruine, du fait des Prussiens qui s'y étaient conduits en Cosaques; c'est là que je changeai de chevaux et de voiture ; en arrivant à Saint-Calais, je ne trouvai pas encore la route pénible, elle était déjà longue, mais c'était pour moi tout une affaire de coucher; les chevaux et moi n'étant donc pas bien las, nous poussons jusqu'à Bouloire. Là, Pierre dételle et donne l'avoine aux chevaux; lui et Chevalier mangent aussi un bon picotin; je reste dans la calèche où je suis absolument rivé, j'ingurgite seulement un peu de bouillon et de vin. Et puis nous repartons, car j'ai l'espoir de coucher au Mans, et j'ai hâte d'y arriver; tout le long de la route, je vois encore les traces de l'invasion, les emplacements des bivouacs, les maisons démolies ou brûlées, les tombes éparses dans les champs ou échelonnées dans les fossés de la route; le paysan les a respectées et l'on a brûlé dessus des branchages pour écarter les carnassiers. Enfin avant la nuit, je fis ma rentrée dans le Mans que j'avais quitté depuis six mois; que de tristes choses s'y étaient passées pendant mon absence, qui n'avait pourtant pas été bien longue ! Dans la cour de la maison paternelle et fraternelle, l'on dételle d'abord les chevaux, puis l'on me descend du véhicule, où je suis engourdi par l'immobilité ; enfin je suis porté dans le salon, où Robert a installé mon ambulance. Quelques personnes étaient venues me dire bonjour à l'arrivée, le lendemain il en vint d'autres, et tous les jours pendant les mois que je passai là. Mon voyage qui n'eut rien d'agréable, pouvait s'appeler la route de Vide-Bourse, car en réglant avec Pierre, j'appris que M. Riverain, de Vendôme, me réclamait la modeste somme de 200 francs : 50 francs pour la journée d'Ouzouër-le-Marché à la Gaudinière, idem pour le déplacement des chevaux de Vendôme à Epuisay, idem pour le grand voyage, idem pour le retour à Vendôme ; plus un fort pourboire que j'allouai à Pierre. C'est ce qui s'appelle faire la guerre à ses frais ! Combien de fois en octobre et novembre 1870, ai-je dû faire acheter dans les fermes de Beauce les fourrages et l'avoine de mes deux chevaux, pour lesquels Madame l'Intendance ne nous fournissait souvent ni bons ni rations ; et la viande fournie aux hommes à l'état de bœuf vivant et galopant, avec plusieurs jours de retard. Par contre, à Concriers (Loir-et-Cher), mon bataillon avait reçu un tel monceau de caisses de sucre, biscuit, café, etc., que les hommes chargés de 4 jours de vivres et de 90 cartouches chacun, le camp levé subitement, quantité de caisses restèrent là avec leur contenu ; l'Intendance nous en fit reproche. Comment donc cette Dame eût-elle voulu que les Moblots portassent une pareille charge ? Autre fait : dans la nuit du 8 au 9 novembre, veille de la victoire de Coulmiers, je reçus l'ordre d'envoyer un officier, les sergents-fourriers et des moblots avec les grands bidons, qui coururent une partie de la nuit après une Intendance imaginaire, laquelle avait annoncé une distribution de vin ou d'eau-de-vie ; après avoir fouillé inutilement tous les environs d'Ouzouër-le-Marché, ma corvée, harassée de fatigue, revint finir sa nuit au bivouac que nous avions organisé à droite du village. Que de rations de toutes sortes, portées sur le papier, et que le pauvre soldat n'a jamais touchées !

Mais enfin, après tout cela, me voici, le 1er avril 1871, installé rue Robert-Garnier 16, d'où je vous dédie aujourd'hui ces souvenirs; Robert s'était brouillé avec le docteur Guiet, qui nous soignait jadis et qui, pour traiter les blessés militaires pendant l'occupation, avait cru nécessaire de s'affubler d'une épée au côté. Robert ayant eu affaire au docteur Dugué, arrivé de Sillé-le-Guillaume, quelque temps avant la guerre, je fis donc demander le docteur Dugué, comme le médecin de la maison, et je me plais à dire de suite que j'ai été soigné par lui admirablement bien. Dès sa première visite, il voulut s'assurer de l'état de ma jambe, et pour cela ouvrir ma botte de plâtre, ce qui n'était pas chose facile. Il lui fallu bien du temps et des outils de toutes espèces pour briser ce plâtre durci ; puis dans un linceul de ouate infectée, apparut ma jambe, bien maigre, bien pâle, bien malade encore une fois; elle s'était étiolée dans cette prison de plâtre, les collections, fistules, fusées purulentes, s'étaient reformées comme devant ; c'était à recommencer ! Les premiers jours, la charpie, la teinture d'iode, l'eau-de-vie de cidre, furent consommées en quantité, puis vinrent des débridements sur les malléoles, et des consultations avec le docteur Lejeune, enfin il fallut demander le docteur Duclos, très bon chirurgien de Tours. De nouveaux débridements lui parurent nécessaires, et le bistouri fit son office; je criai fort et ferme : Robert avait eu le courage d'assister à l'opération, il était à la tête du lit et me tenait les deux mains, j'étais violemment surexcité et le pauvre garçon pleurait de me voir dans cet état. J'avais refusé de me laisser chloroformiser, car je redoutais que les médecins ne me coupassent la jambe à mon insu; cependant, s'il l'eut fallu, je n'aurais pu refuser l'amputation, si ç'eut été un moyen de me sauver la vie; à la Gaudinière, j'avais entrevu plusieurs fois cette brutale nécessité.

Le Docteur Duclos fut doux, poli, bienveillant, et très modéré pour ses honoraires : 300 francs; arrivé par le train du matin, il reprit vers midi le train pour Tours, après m'avoir donné de bons conseils, m'avoir reconforté et recommandé d'aller à Barrèges à la saison d'été, parce qu'il me reste dans la malléole interne un sequestre, c'est-à-dire un morceau d'os cassé, carié, emprisonné dans l'os nouveau et qui est cause de la non fermeture de mes plaies. Lorsque le perchlorure de fer eut achevé de cicatriser les chairs, ma jambe se reprit à vivre, les entailles se refermèrent et malgré les sinistres prédictions de Jean Roullin, l'espoir et la santé, remirent peu à peu à flot ma pauvre carcasse. J'avais conservé Louis Chevalier quelques semaines comme infirmier, puis Jean lui avait succédé, j'avais acheté une petite voiture dite Duc, et par ce moyen, ma jument Étoile me faisait faire quelques promenades.

Mon infirmerie-salon recevait, comme à la Gaudinière toutes sortes de monde : parents, amis, curieux, médecins, fermiers, domestiques, etc. Ma grand'mère n'y vint pas, mais elle envoyait tous les jours sa femme de chambre, Cécile (Éléonore Garnier) ; c'est ainsi qu'elle apprit le dénuement de linge où je me trouvais ; je n'avais apporté de l'ambulance que deux chemises de flanelle et un bien mince paquet. Ma grand'mère fit acheter et confectionner pour moi : chemises, caleçons, chaussettes, flanelles, etc. ; un vrai trousseau de jeune mariée ! A Montauban, tous mes placards, commodes, porte-manteaux, avaient été forcés, pillés, vidés ; ç'avait été un déménagement en règle; les appartements, les parquets, les meubles, étaient encombrés de paille et de détritus de toute espèce : il avait fallu bien des séances de nettoyage ; la cave était à sec, pas une seule bouteille de vin, à la lettre; mais comme pertes irréparables j'avais à compter tous mes effets d'armement, d'équipement et d'habillements, souvenirs du 9e régiment de dragons et du 10e régiment de chasseurs; plus une superbe longue-vue de grande portée, qui aidait à compléter et à connaître le détail de l'échappée d'horizon qui se découvre à Montauban ; *et tutti quantti.*

Une visite que j'attendais avec la plus vive impatience, c'était celle du cher René, dont les nouvelles devenaient plus régulières et plus récentes, mais que je n'avais pas vu depuis le mois de juillet 1870. Il ne manquait plus que lui à notre réunion de famille, puisque nos chers morts n'avaient pas connu les souffrances de *l'Année Terrible;* nous avions perdu mon père le 23 avril 1869 et mon oncle Roger le 4 décembre 1869. Je savais que René avait enfin quitté Dantzig et son port marchand pour être rapatrié peu à peu; il était d'abord passé par Verdun (Meuse), où grâce aux soins de son propriétaire, il avait retrouvé tous ses équipages ou harnais de guerre, ses deux chevaux mis en pension chez des cultivateurs, sa voiture, ses trois chiens, toutes ses caisses d'armes et d'effets, soigneusement garantis par le propriétaire. Le 5e régiment de chasseurs se reconstituait à Lyon; René y fut pour y retrouver son rang, sa place et ses camarades. Et c'est de là qu'il obtint une permission pour venir nous voir au Mans; j'étais prévenu du jour et de l'heure de son arrivée; lorsque l'omnibus s'arrêta à la porte, le cœur me battit bien fort, les larmes me gagnèrent, j'étais pâmé; je ne pouvais aller au-devant de lui, étant encore au lit, mais lorsque je l'eus vu et embrassé, je ne savais plus que dire, je suffoquais, et lui-même fut obligé de venir à mon secours. Que de bonnes journées et soirées nous passâmes ensemble! que de choses nous avions à nous dire, que d'explications aux sous-entendus de nos lettres! Moments trop vite enfuis et qui furent raccourcis par le retour de René à son régiment; avec promesse de revenir en juin pour m'enlever et me conduire jusqu'à Barrèges.

Grâce à Dieu, ma santé se rétablissait, je faisais quelques promenades en voiture, même à pied, mais toujours avec des béquilles; dans le Midi, l'on dit : « ah ! le pauvre! il marche aux crosses! »; ma jambe était prise dans une longe de cuir que je portais sur les épaules. Ma tante Roger de Montesson m'avait envoyé un lit-cage très léger, que l'on me mettait dans le jardin pendant toutes les belles journées du printemps, et dans la remise ouverte les jours de pluie; c'est un meuble très commode que je puis déplacer moi-même tout en restant dessus : ma bonne jambe et ma béquille suffisent pour lui imprimer le mouvement en tous sens. C'est donc toujours en position horizontale que je reçois de nombreuses visites de parents et d'amis; je fus aussi revacciné dans la remise sans quitter mon lit-cage. Un jour de grand émoi fut celui où le colonel, M. de la Touanne, vint m'annoncer que j'étais nommé Chevalier de la Légion d'honneur; il en était plus occupé et plus enthousiasmé que moi, car le spleen était encore trop mon maître pour que cette décoration me causât une vraie joie; la chose me valut quelques bonnes lettres et visites et des compliments affectueux.

Vers la fin de juin, je fis mes préparatifs de départ pour Barrèges, je me fis habiller plus civilement et à neuf, ainsi que l'inséparable Jean; je vendis ma jument Étoile, survivante de la guerre, puis je fis remplir des malles neuves aussi et j'attendis René.

Nous partîmes tous les trois, le 25 juin, pour aller coucher à Bordeaux, hôtel de

Nantes, sur le quai, puis le lendemain à Tarbes (Hautes-Pyrénées), hôtel de la Paix; je connais cette ville à fond, y ayant tenu garnison pendant trois ans, et c'est dans cette ville que j'ai failli mourir à l'hopital militaire, du typhus contagieux que j'avais rapporté du camp de Lannemezan en 1868. Un commerçant de Tarbes, M. Millas, libraire, que j'ai connu jadis, a une succursale à Barrèges; il eut la complaisance de m'assurer un logement avant que je ne sois monté dans les régions thermales et neigeuses. C'est donc le soir du 3e jour de marche que je couchai à Barrèges : Jean Roullin marche d'étonnement en étonnement, sa conversation est pesante, fatiguante, et c'est un compagnon de route dont je regrette de ne pouvoir me passer. René est un aimable frère aîné, qui fait tout pour m'éviter les ennuis et les fatigues de la route ; avec lui la gaieté me revient, aussi l'espérance et le désir de guérir. A 1,200 mètres d'altitude je trouvai un charmant docteur parisien, M. Lebret, à qui j'étais recommandé par le docteur Dugué, et qui voulut bien s'intéresser à moi, ou à ma blessure, et me donner des soins très minutieux; au bout de quelques semaines, le docteur ayant extirpé le séquestre, que les eaux bienfaisantes avaient chassé de son alvéole, je pus commencer à marcher un peu sérieusement sur la Promenade Horizontale, mais toujours avec mes deux béquilles et sous la surveillance de Jean. L'aimable frère René est reparti pour rejoindre le 5e régiment de chasseurs à Lyon, en repassant par Tarbes, la ligne du Midi, pour remonter la vallée du Rhône. J'ai fait ou retrouvé quelques connaissances : le général de la Rüe de Beaumarchais et son fils blessé au pied à Sedan; le général de Courson, ancien camarade de mon père à l'École d'État-Major; Christian de Trédern, des Mobiles de Maine-et-Loire, blessé au pied; Mme Léon, une juive de Peyrehorade (Basses-Pyrénées), chez laquelle j'ai été logé et très aimablement reçu, en faisant la route de Tarbes à Bayonne (Basses-Pyrénées), et réciproquement; M. Paul Boulard, des Mobiles de Saint-Calais, charmant garçon, très bien élevé, appartenant à une nombreuse famille de commerçants d'Alençon (Orne); je fus bien heureux de le retrouver, et de faire avec lui plus ample connaissance; je n'avais d'abord fait que l'apercevoir dans le service des garnisons, et des camps de l'armée de la Loire; à Ouzouër-le-Marché, il n'avait été à l'ambulance des Sœurs que le temps de faire extraire sa balle, puis il était parti pour Blois; à Barrèges nous pûmes causer en amis, en camarades, à tête reposée; j'ai conservé de M. Paul Boulard un très agréable souvenir. Ma Grand'Mère, presque octogénaire, eut le courage de venir me tenir compagnie quelques semaines; elle partit de son château de la Grange-Moreau, en Vallon (Sarthe), escortée de sa femme de chambre, et arriva sans encombre à Barrèges; on put lui découvrir un rez-de-chaussée assez voisin du mien, ce qui nous facilita des visites quotidiennes, puis nous essayâmes quelques promenades en voiture à Saint-Sauveur, à Gavarni, au Tourmalet; le mois d'août s'écoulant, la dispersion s'accentue, Barrèges devient plus froid et plus humide; ma Grand'Mère partie, et René retenu à Lyon, il se trouve heureusement que M. Paul Boulard veut bien organiser son départ avec le mien; je redescends donc en diligence les 1,200m d'altitude en passant par Luz, Argelès, etc.; de là le chemin de fer nous emmène à Lourdes, où M. Boulard s'arrête jusqu'au lendemain; je continuai jusqu'à l'hôtel de la Paix à Tarbes; j'y revis avec plaisir MM. Zambeaux, mes anciens propriétaires, que j'avais fait prévenir; chez eux j'avais trouvé en 1867 et 1868 un joli logement, peu coûteux, et beaucoup d'amabilité; nous couchâmes ensuite à Angoulême (Charente), hôtel de la Poste; de là nous arrivâmes au Mans, le soir du troisième jour; M. Boulard me quitta pour rejoindre sa mère à Alençon, et moi je me refugiai chez ma Grand'Mère, place de l'Éperon, 25.

Je me reposai chez elle, et j'y jouis d'une cordiale hospitalité, soit au Mans, soit au château de la Grange-Moreau, jusqu'en mars 1872; à cette époque, je m'installai avenue de Paris, 35 (barraque de Maupertuis), je me mis à mon ménage, et tout clopin-clopant j'y restai seul juqu'au 21 mars 1876, date de mon mariage avec Celle, qui heureusement pour vous et pour moi, est devenue VOTRE PETITE MÈRE CHÉRIE.

Ici je clorai mon récit déjà trop amplifié; lisez aussi plus tard les ouvrages publiés sur les événements de 1870-71; vous y apprendrez quelles souffrances supportèrent les hommes qui furent soldats en cette ANNÉE TERRIBLE, et quoiqu'il advienne, ayez toujours foi dans cette devise : DIEU PROTÈGE LA FRANCE !

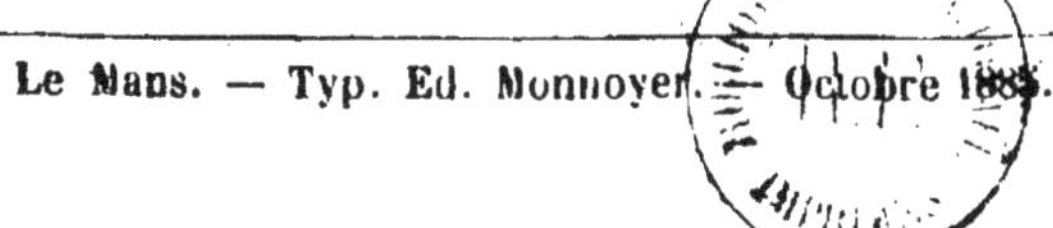

Le Mans. — Typ. Ed. Monnoyer. — Octobre 188[illegible].

www.ingramcontent.com/pod-product-compliance
Ingram Content Group UK Ltd.
Pitfield, Milton Keynes, MK11 3LW, UK
UKHW012042240726
13965UKWH00003B/993